huiles essentielles
mode d'emploi

Nerys Purchon

huiles essentielles
mode d'emploi

• MARABOUT •

Note importante

Ce livre contient une kyrielle d'informations sur les huiles essentielles. Ce n'est pas un ouvrage médical. Avant d'essayer l'un des remèdes proposés, j'attire l'attention du lecteur sur la nécessité de faire un test ou patch préalable sur la peau (voir L'aromathérapie pratique, Les méthodes de A à Z), afin de déterminer une éventuelle allergie à un quelconque produit. Chacun devra également toujours se rappeler que certaines huiles essentielles, bénéfiques sur de courtes périodes, peuvent se révéler nocives en cas d'utilisation prolongée. Enfin, les traitements présentés dans le cadre de cet ouvrage n'entendent pas se substituer aux soins médicaux qui s'imposent, particulièrement dans le cas des maladies graves qui réclament toujours la consultation d'un spécialiste.

Ni l'auteur, ni l'éditeur, ne peuvent être tenus pour responsables de réactions indésirables lors de l'application des recommandations, des indications et des remèdes donnés dans ce livre. L'utilisation des huiles essentielles est entièrement aux risques et périls du lecteur.

Je dédie ce livre à mon père,
éternel amoureux de la nature qui m'a tant appris
à aimer les plantes et leurs secrets.

Sommaire

Introduction 10

Le bon génie des huiles essentielles 10

Les huiles 13

Utiliser des huiles essentielles 14

Les propriétés des huiles essentielles 17

Quelques mises en garde et précautions 22

L'aromathérapie au quotidien 27

Des huiles essentielles au jour le jour 28

Soins de la peau 31

Soins capillaires 49

Les bains 60

L'aromathérapie au foyer 70

L'aromathérapie au travail et à l'école 84

En voyage 92

Le massage aromatique 97

Premiers secours 106

Glossaire des huiles 113

Les huiles essentielles 114

Les huiles infusées 141

Les huiles végétales et les corps gras 144

L'aromathérapie pratique 149

L'équipement 150

Les méthodes de A à Z 153

Introduction

Le bon génie des huiles essentielles

J'ai passé quelques-unes des plus heureuses années de ma vie dans une petite ferme de Rivendell, en Australie. Là, avec mon époux Prakash, ma famille et mes amis, nous avions une petite société artisanale d'herboristerie et de produits cosmétiques…

Une vie au service des plantes

Chaque matin était différent du précédent. Quand le soleil du petit jour commençait à réchauffer la terre, je sentais monter et s'épanouir les odeurs envoûtantes des fleurs et des plantes de notre jardin aromatique. Lorsque le temps était froid et humide, leur arôme était moins prenant, moins enivrant, même quand on écrasait les feuilles pour fabriquer nos produits. Vous ne me croirez peut-être pas mais, certains jours, je me sentais particulièrement attirée par une plante entre mille. Et je m'apercevais toujours peu après que j'avais justement besoin d'elle !

Pour préparer nos produits naturels, nous utilisions de nombreuses huiles essentielles. C'était à la fin des années 1970, et nous étions de vrais pionniers ! Les huiles de bonne qualité étaient assez rares sur le marché, et vraiment pas faciles à trouver. C'est pourquoi nous nous sommes mis à les fabriquer nous-mêmes, en expérimentant des méthodes nouvelles pour obtenir des infusions très concentrées. Je dois dire ici un grand merci au soleil de l'Australie : sans lui, nos résultats n'auraient pas été aussi excellents ! Il a fait un travail merveilleux. Sous l'effet de sa douce chaleur, nos plantes se sont gorgées de substances précieuses. Il nous a suffi d'extraire leurs essences délicates pour obtenir de puissantes huiles essentielles.

Un beau jour, nous avons décidé d'abandonner notre vie sédentaire, notre ferme et notre terrain de 8 ha, pour nous transformer en « nomades ». Au volant de mon mobile home, je n'avais qu'une seule idée en tête : découvrir des herbes médicinales que je ne connaissais pas. L'Australie s'offrait à moi, immense, comme un gigantesque terrain d'investigation ! Aujourd'hui, nous n'avons toujours pas abandonné cette manière de vivre. Avec mon mari, mes enfants et mes deux petits chiens, nous sillonnons le pays sans nous presser. Nous campons sur les collines et nous « transhumons » au gré des saisons, en fuyant l'hiver le froid du Sud et en été les chaleurs du Nord. Cette vie proche de la nature nous convient parfaitement. Mieux, elle nous comble. À chaque bivouac, j'allume notre petite lampe à huile.

Je fais la popote pour tout le monde et nous nous sentons bien, comme chez nous.
Mais je rêvasse et j'oublie l'essentiel, les plantes et les huiles essentielles justement ! Il n'y a pas très longtemps, sur les pentes des montagnes colorées par l'automne, j'ai cueilli des fruits et quelques pousses de mûrier. J'ai conservé ces dernières pour les faire sécher et les garder dans ma petite pharmacie. Les millepertuis, « l'herbe de la Saint-Jean », étaient en fleurs. Comme par miracle, leur jaune vif donna une huile d'un rouge flamboyant qui se révéla très utile pour calmer nos muscles endoloris par une longue marche. Tout près de là, j'ai trouvé encore d'autres herbes médicinales. Elles seront très utiles si l'un de nous prend froid !
Pour tout vous dire, je ne me sépare jamais de la boîte en bois dans laquelle je range mes huiles essentielles et mes plantes médicinales séchées. Je profite quotidiennement des bienfaits de l'aromathérapie, et jamais de la même manière. Chaque jour, j'aime toujours plus ces plantes et j'apprends à connaître un peu mieux les vertus de leurs essences magiques. Quand je froisse une feuille ou les pétales d'une fleur, je me prends pour Aladin quand il frottait sa lampe à huile pour réveiller son bon génie ! Et j'attends, émoustillée, la merveilleuse magie qu'elles vont m'offrir…

Dans ce livre, j'ai engrangé toutes les connaissances acquises dans ma ferme de Rivendell et depuis que j'herborise au gré des saisons. J'espère qu'il vous aidera et, chose plus importante peut-être, qu'il vous donnera envie d'en savoir plus, qui sait, d'expérimenter de nouvelles « recettes » à vous ! Comme vous le verrez, les remèdes conseillés dans cet ouvrage sont très faciles à réaliser. Ils ne vous prendront guère de temps. La plupart d'entre eux ne vous coûteront pratiquement rien, seul l'achat des huiles essentielles étant parfois un peu onéreux. Et quand bien même… Si vous mettez bout à bout toutes les sommes accumulées en une année en produits de beauté pour la peau et les cheveux, en parfums, en nettoyants ménagers, en désinfectants et autres insecticides, vous verrez que votre investissement de départ était vraiment ridicule en comparaison. Mieux, ces cadeaux de la nature vous enrichiront, vous, votre famille et vos amis. Ils embelliront vos vies ! Quant à la joie quotidienne de voir les huiles essentielles se transformer en autant de pommades, de crèmes, de parfums aux arômes étonnants, de désodorisants et d'autres choses adorables, elle est franchement inestimable !
J'espère que ce livre vous apprendra à aimer les huiles essentielles, et qu'elles vous deviendront indispensables.

Nerys Purchon
Bunburry W.A., janvier 1999

Les huiles

Ma pharmacie verte ne me quitte jamais. Elle voyage avec moi dans une boîte en bois. Il ne se passe pas un jour sans que **mes huiles essentielles m'apportent une bonne surprise**. Je les aime toujours un peu plus et, **jour après jour**, je perce un peu mieux leurs **nombreux mystères**.

Utiliser des huiles essentielles

Les huiles essentielles, aussi appelées oléolats ou « essences », sont souvent élogieusement qualifiées de « substances vitales ». L'emploi le mieux connu, c'est bien sûr le massage, mais vous allez voir qu'il y a mille autres façons de profiter de leurs bienfaits.

À SAVOIR

Ces précieuses essences

Les huiles essentielles sont fréquemment utilisées dans les massages thérapeutiques, dans les médicaments pharmaceutiques, les produits cosmétiques et les parfums. Ces précieuses essences sont composées de molécules suffisamment petites pour pénétrer dans l'épiderme et pour passer ensuite dans le sang. Leur usage est extrêmement varié : huiles de massage mais aussi applications locales, lotions antiseptiques et toniques, crèmes, pommades, produits de soins corporels, etc. Vous les inclurez également dans vos détergents ménagers, vos désodorisants et vos désinfectants.

Extraits naturels

On obtient des huiles essentielles pures à l'issue d'une distillation (ou d'une autre méthode extractive) des substances aromatiques ou des essences présentes dans les plantes. Ces extraits naturels s'évaporent et leurs parfums puissants se répandent dans l'air. Non grasses et très volatiles, les huiles essentielles sont donc très différentes des huiles végétales, animales, ou minérales.

Ce qui est fantastique avec elles, c'est qu'elles sont utiles à chacun. Elles favorisent la guérison des enfants, des adultes comme des personnes âgées. Elles protègent et embellissent tous ceux qui les utilisent. Quand vous aurez pris connaissance de certains principes, méthodes et procédés de base, vous vous apercevrez que leur utilisation est enfantine. Et ce n'est jamais bien compliqué : même si l'aromathérapie ressemble un peu à de la magie, elle n'est jamais un art vraiment bien sorcier dans la pratique !

Longtemps mal aimées…

Un peu d'histoire

Les huiles essentielles sont utilisées depuis la nuit des temps, notamment pour les cérémonies religieuses. Les historiens émettent l'hypothèse selon laquelle on se servait également d'essences d'herbes aromatiques pour masquer l'odeur de certains lieux malpropres ou de corps qui n'étaient pas très souvent lavés… Mais peut-être qu'une telle information vous fera frémir et ne vous convaincra pas des pouvoirs des herbes essentielles ! La Bible est, quant à elle, sans la moindre ambiguïté à ce sujet : chacune des herbes et des huiles qu'elle mentionne possède des vertus médicinales et thérapeutiques. Cela n'est certainement pas dû au hasard !

Odorat et mémoire

Pourtant, jusqu'à une date récente, l'utilisation d'herbes, d'huiles essentielles ou d'autres méthodes naturelles à base de plantes était regardée avec beaucoup de méfiance par les savants et les médecins, dont la plupart ne jurent que par les médicaments de synthèse. Soit dit en passant, le microcosme scientifique niait ainsi une réalité essentielle: l'odorat est à la fois le sens le plus immédiat et le plus évocateur que nous possédons, notamment parce qu'il est relié à la région de notre cerveau correspondant à la mémoire. Lequel d'entre nous n'a pas eu le souvenir d'une personne, d'un lieu ou d'un événement passé en humant le soudain effluve d'un parfum ou d'une quelconque senteur? Qui n'a pas eu un haut-le-cœur en respirant une odeur nauséabonde? Qui n'a pas été attiré ou repoussé par l'odeur corporelle d'un individu? Enfin, lequel d'entre nous n'est pas passé devant un boulanger, ou devant un café, sans avoir l'eau à la bouche et l'irrésistible envie d'un croissant ou d'un petit noir? L'odorat est un sens très puissant. Il est à l'origine de nos plaisirs culinaires. Avant même de déguster un plat, il nous donne un avant-goût de sa saveur.

À SAVOIR

Vous avez dit condensé?

Quand vous vous achèterez vos premières huiles essentielles, vous penserez peut-être que vous n'en avez pas pour votre argent… C'est oublier que vous utiliserez des doses infimes, de l'ordre de quelques gouttes. C'est ignorer aussi la quantité phénoménale de plantes qu'il a fallu pour produire le précieux liquide contenu dans le petit flacon: à titre d'exemple, il faut 1 tonne de thym pour obtenir 20 cl d'huile essentielle! Êtes-vous maintenant convaincu d'avoir fait une bonne affaire? Et encore, je ne parle pas de l'investissement en terme de bonne santé et de bien-être pour vous et votre famille…

Une réhabilitation?

L'utilisation des huiles essentielles est de mieux en mieux acceptée, et l'efficacité de nombreux remèdes à base de plantes a pu être scientifiquement démontrée. On commence aussi à comprendre et à savoir comment agissent certaines essences aux propriétés thérapeutiques, même si de nombreuses recherches restent à mener dans ce domaine. Bien sûr, il y a encore beaucoup de sceptiques qui se moqueront de vous si vous n'êtes pas capable d'apporter des explications scientifiques de leurs vertus. Répondez-leur simplement que même les médecins n'expliquent pas de manière vraiment convaincante comment l'aspirine, entre autres médicaments, parvient à calmer la douleur!

Aujourd'hui, les herbes aromatiques et les huiles essentielles jouissent d'une plus grande considération.

De précieux soutiens

Ne vous méprenez pas: ce livre – ni même l'aromathérapie dans son ensemble – n'a pas la prétention de se substituer à l'avis de votre médecin traitant! Rappelez-vous toujours qu'un problème très anodin en apparence peut cacher un mal plus sérieux. Si vos symptômes sont importants ou s'ils persistent, allez consulter sans tarder un médecin.

Renforcer l'organisme

Les huiles essentielles peuvent seulement vous aider à traiter de petites indispositions quotidiennes, à stimuler votre système immunitaire, vos organes et vos glandes. C'est déjà énorme: elles renforceront votre organisme qui sera ainsi mieux à même de lutter contre les infections, qu'elles soient d'origine bactérienne, virale ou fongique. En bref, elles donneront à votre corps les moyens de guérir plus vite. Les essences végétales ont d'autres atouts: elles ont un pouvoir relaxant et tonifieront chacun des muscles de votre corps; elles vous aideront également à calmer votre tension nerveuse, à mieux vous concentrer et à gérer votre stress quotidien. Quand on sait toutes les maladies que déclenchent les soucis et l'anxiété, vous comprendrez facilement à quel point le soutien des huiles essentielles est précieux!

Comment utiliser les huiles essentielles ?

Vous ajouterez quelques gouttes d'huiles essentielles pour préparer toutes sortes de traitements de soin et de beauté, mais aussi pour bichonner votre maison et votre animal de compagnie. Grâce aux essences de plantes, vous préparerez toutes sortes de produits naturels sans danger:

- huiles de massage (mélangées à des huiles végétales);
- solutions pour applications locales (sur des compresses imbibées d'eau);
- bains (en dose infinitésimale);
- eaux de toilette et parfums (mélangées à de l'alcool);
- répulsifs contre les insectes (incorporées à différentes substances);
- crèmes cosmétiques, lotions et pommades de soin;
- shampooings ou après-shampooings tonifiants;
- parfums pour pots-pourris;
- désodorisants antibactériens et antiviraux;
- préparations anti-puces et de soins divers pour votre animal de compagnie;
- nettoyants ménagers pour sols et murs.

À SAVOIR

Avertissements importants

- N'utilisez jamais d'huiles essentielles par voie orale sans l'avis d'un phyto-aromathérapeute ou d'un naturopathe qualifiés.
- Conservez les huiles essentielles hors de la portée des enfants: ce sont des poisons mortels, même en petites quantités. En cas d'accident, appelez d'urgence le SAMU ou les pompiers.
- Certaines d'entre elles sont contre-indiquées pendant la grossesse. D'autres sont toxiques à des concentrations trop fortes.
- Suivez les dosages appropriés, sans jamais chercher à les augmenter. La quantité d'huile essentielle excède rarement 3 ou 4 % dans un mélange.
- Achetez des huiles essentielles naturelles de la meilleure qualité. Fiez-vous à l'étiquette où doit figurer l'indication H.E.B.B.D. (Huile Essentielle Botaniquement et Biologiquement Définie), qui définit les trois critères fondamentaux: l'espèce botanique en latin, l'organe producteur (feuilles, fleurs, etc.) et la spécificité biochimique (lieu de récolte). Certains produits dépourvus de ce label sont appelés tantôt « huiles aromatiques », tantôt « huiles parfumées. » Ce sont des huiles synthétiques sans la moindre vertu thérapeutique.

Les propriétés des huiles essentielles

La plupart des huiles essentielles possèdent des vertus thérapeutiques, mais certaines essences sont plus efficaces que d'autres. Chacune a des propriétés et des utilisations bien précises. C'est pourquoi il convient d'abord de les passer en revue.

Tableau des propriétés des huiles essentielles

Figurent seulement dans ce tableau les huiles essentielles les plus importantes.

Propriétés	Termes médicaux	Huiles essentielles
Soulagement de la douleur par une action sédative sur les nerfs	Analgésique	Bergamote, camomille, eucalyptus, lavande, marjolaine, menthe poivrée et romarin.
Abaissement de la libido	Anaphrodisiaque	Marjolaine.
Lutte contre les infections internes	Antibiotique	Ail, cajeput, manuka, niaouli, ravensare et tea-tree.
Suppression des états dépressifs	Antidépresseur	Bergamote, géranium, jasmin, lavande, lemon-grass, mandarine, mélisse, néroli, orange, pamplemousse, petit grain, romarin, rose, santal, sauge sclarée et ylang-ylang.
Soulagement des états nauséeux et des vomissements	Antiémétique	Badiane, camomille, fenouil, girofle, gingembre, menthe poivrée, menthe verte et poivre.
Réduction des inflammations	Anti-inflammatoire	Bergamote, camomille, hélichryse, lavande et myrrhe.

À SAVOIR

Par quelles essences commencer?

Quand vous ferez vos premiers pas dans l'aromathérapie, vous n'aurez peut-être pas envie de vous ruiner… Commencez par vous procurer les musts: de l'huile essentielle de lavande ou de tea-tree, éventuellement de l'huile essentielle de camomille ou de géranium.

Ce tableau des propriétés des huiles essentielles est une sorte de pense-bête qui vous sera très utile pour dénicher au bon moment l'essence qu'il vous faut. Veillez à avoir aussi toujours en tête les précautions d'emploi (voir encadré p. 16).

À SAVOIR

Les matières premières
L'essence est tantôt obtenue à partir des feuilles (eucalyptus), tantôt à partir des pétales (roses), de l'écorce (bois de santal), de la résine (myrrhe), du zeste (agrumes) ou des graines (carvi).
La plante peut excréter elle-même de l'huile, ce qui lui donne un arôme caractéristique qui attire souvent les oiseaux et les insectes. L'huile essentielle est extraite en broyant la plante ou en la séchant (racine de valériane).
Elle peut être obtenue à partir de la gomme ou de la résine d'un arbre en pratiquant une incision dans l'écorce. Dans ce cas, la substance ne dégage son arôme qu'une fois séchée.

Les huiles figurant dans ce tableau sont le plus souvent utilisées dans les remèdes et les soins. La lavande, en particulier, offre l'inestimable avantage d'avoir de multiples applications et d'être sans aucun danger pour toute la famille.

Propriétés	**Termes médicaux**	**Huiles essentielles**
Élimination et destruction des bactéries à l'origine d'une infection	Antiseptique	La plupart des huiles essentielles possèdent un pouvoir antiseptique, à commencer par l'ail, la bergamote, l'eucalyptus, le genièvre, la lavande, la manuka, le niaouli et le ravensare.
Prévention et soin des crampes ou des douleurs spasmodiques de l'intestin et de l'utérus	Antispasmodique	Camomille, genièvre, gingembre, lavande, marjolaine, orange, menthe poivrée et sauge sclarée.
Réduction de la transpiration	Antisudoral	Cyprès et sauge sclarée.
Action d'antipoison	Antitoxique	Bergamote et poivre.
Inhibition ou élimination des virus	Antiviral	Ail, bergamote, eucalyptus, lavande, manuka, palmarosa, ravensare et tea-tree.
Augmentation de la libido	Aphrodisiaque	Bois de rose, jasmin, néroli, patchouli, rose, santal, sauge sclarée, vétiver et ylang-ylang.
Tonique des tissus	Astringent	Benjoin, cèdre, cyprès, encens, genièvre, myrrhe, rose et santal.
Expulsion des gaz présents dans les intestins	Carminatif	Aneth, angélique, badiane, cardamome, carvi, coriandre, fenouil, gingembre, menthe poivrée, menthe verte et poivre.
Stimulation de la sécrétion biliaire	Cholagogue	Camomille, lavande, menthe poivrée, menthe verte et romarin.

Propriétés	Termes médicaux	Huiles essentielles
Stimulation de la cicatrisation	Cicatrisant	Bergamote, bois de rose, cyprès, eucalyptus, encens, lavande, néroli, patchouli et petit grain.
Réduction des odeurs	Déodorant	Bergamote, cyprès, eucalyptus, lavande, lemon-grass, litsea cubeba, patchouli, petit grain et sauge sclarée.
Purification du sang	Dépuratif	Ail, bouleau, carotte, fenouil, genièvre, rose et sauge sclarée.
Stimulation de la digestion et soulagement de l'indigestion	Digestif	Aneth, badiane, carvi, cardamome, camomille, marjolaine, poivre et romarin.
Augmentation de la quantité d'urine	Diurétique	Bouleau, camomille, cèdre, fenouil, géranium, genièvre et persil.
Stimulation et régulation des règles	Emménagogue	Basilic, camomille, marjolaine et sauge sclarée.
Élimination des excès de mucus bronchiques	Expectorant	Benjoin, encens, eucalyptus, lavande, marjolaine, myrrhe, tea-tree et santal.
Réduction de la fièvre	Fébrifuge	Bergamote, camomille, eucalyptus, lavande, menthe poivrée, ravensare et tea-tree.
Prévention et destruction des infections fongiques	Fongicide	Lavande, myrrhe et tea-tree.
Stimulation de la sécrétion lactée	Galactalogue	Badiane, basilic, céleri, cubèbe et fenouil.

À SAVOIR

Le saviez-vous ?

- La lavande accélère la cicatrisation et soulage la douleur.
- L'essence de camomille est sans danger pour les bébés et les enfants. Mais n'en abusez pas !
- Le romarin fortifie les différents systèmes de l'organisme.
- Le poivre est un puissant stimulant.
- La menthe est la meilleure solution pour traiter les problèmes digestifs.
- La bergamote est excellente contre les problèmes de la peau.

Le fenouil est l'une des Neuf Herbes Sacrées des Saxons de Bretagne.Elle était utilisée dans les rites de purification.

À SAVOIR

En infusion

Les huiles essentielles de néroli, de rose, de camomille, de jasmin et de mélisse ont un point commun: elles sont toutes aussi chères les unes que les autres!
Avec la méthode de l'infusion, vous pourrez profiter de leurs bienfaits tout en déboursant moins. Alors, si vous avez de la matière première sous la main, n'hésitez pas!
Néroli: infuser les fleurs.
Rose: infuser les pétales des fleurs.
Camomille: infuser les fleurs.
Jasmin: infuser les fleurs.
Mélisse: infuser les feuilles et les fleurs.

Pour savoir comment réaliser une huile infusée, reportez-vous à la p. 141.

Achetez vos huiles essentielles l'une après l'autre. Attendez de vous être bien familiarisé avec une essence avant de chercher à en découvrir une nouvelle.

Propriétés	Termes médicaux	Huiles essentielles
Interruption des saignements	Hémostatique	Camomille, cannelle, citron, cyprès, géranium, lime et rose.
Stimulation et tonification du foie	Hépatique	Angélique, baume du Pérou, citron, hélichryse, menthe poivrée, pamplemousse, romarin, rose, sauge sclarée et violette.
Augmentation de la pression sanguine	Hypertenseur	Hysope, menthe poivrée, poivre, romarin et sauge sclarée.
Abaissement de la pression sanguine	Hypotenseur	Ail, lavande, marjolaine, mélisse et ylang-ylang.
Renforcement des défenses de l'organisme contre les infections	Immunostimulant	Ail, bois de rose, eucalyptus, hélichryse, lavande, manuka, ravensare et tea-tree.
Tonique du système nerveux	Nervin	Angélique, basilic, camomille, marjolaine, mélisse et sauge sclarée.
Production de rougeurs et de chaleurs après une application sur la peau; action par augmentation de l'afflux de sang	Rubéfiant	Bouleau, eucalyptus, genièvre, gingembre, marjolaine, poivre, romarin et thym.
Réduction du stress et calmant du système nerveux	Sédatif	Benjoin, bergamote, camomille, encens, jasmin, lavande, mandarine, marjolaine, mélisse, néroli, rose, sauge sclarée et ylang-ylang.
Augmentation de l'énergie et accélération des sécrétions glandulaires, notamment la libération d'adrénaline	Stimulant	Basilic, bergamote, cyprès, eucalyptus, géranium, menthe poivrée, poivre et romarin.

Propriétés	Termes médicaux	Huiles essentielles
Stimulation de la digestion gastrique	Stomachique	Angélique, badiane, basilic, bergamote, carotte, camomille, cannelle, menthe poivrée, muscade, poivre, romarin et sauge sclarée.
Interruption ou réduction d'une hémorragie externe	Styptique	Benjoin, citron et cyprès.
Augmentation de la transpiration	Sudorifique	Basilic, camomille, genièvre, manuka, menthe poivrée, ravensare, romarin et tea-tree.
Tonification du corps ou d'un organe spécifique	Tonique	Angélique, basilic, bergamote, bouleau, citron, genièvre, géranium, gingembre, girofle, lavande, marjolaine, myrrhe, néroli, poivre, romarin, rose, tea-tree et thym.
Tonification de l'utérus	Utérin	Encens, jasmin, mélisse, myrrhe, rose et sauge sclarée.
Contraction des petits vaisseaux sanguins	Vasoconstricteur	Camomille, cyprès et rose.
Dilatation des petits vaisseaux sanguins	Vasodilatateur	Marjolaine.
Accélération de la cicatrisation	Vulnéraire	Benjoin, bergamote, camomille, géranium, lavande, myrrhe, romarin et tea-tree.

À SAVOIR

Synergies

Lorsque vous mélangerez des huiles essentielles, vous allez les faire entrer en synergie, c'est-à-dire coordonner leurs actions. La théorie de la synergie illustre le vieil adage selon lequel l'union fait la force : le pouvoir thérapeutique de plusieurs huiles essentielles est plus grand que celui d'une seule huile. En associant deux ou trois essences de plantes aux propriétés identiques ou voisines, vous créerez un mélange synergique non seulement très puissant, mais aussi différent. N'allez pas trop vite en besogne cependant ! Ne mélangez pas plus de trois ou de quatre huiles essentielles avant de vous être familiarisé avec chacune d'entre elles.

Quelques mises en garde et précautions

Quand vous achèterez une huile essentielle, assurez-vous que toutes les informations dont vous avez besoin figurent bien sur l'emballage ou sur l'étiquette du flacon. Je sais bien que la place manque sur ces précieux objets, mais il s'agit d'informations essentielles pour le consommateur.

CONSEILS

Lisez l'étiquette!

L'étiquette doit mentionner les points suivants:

- le nom commun ou usuel de l'huile (par exemple « huile essentielle de marjolaine »);
- le nom botanique latin de la plante (par exemple: *Origanum majorana*, dans le cas de la marjolaine);
- les indications et les précautions d'emploi, ainsi que les éventuelles mises en garde:

- Usage externe seulement.
- Ne pas laisser à la portée des enfants.
- Ne pas utiliser à une concentration supérieure à 3 % (0,5 % en application locale).
- Ne pas utiliser pendant la grossesse.

N'appliquez pas d'huiles essentielles non diluées, d'absolues ni de CO2 sur la peau.

De l'importance du nom botanique

Le nom latin d'une plante n'est pas l'expression d'une quelconque vanité de botaniste! Il permet d'éviter bien des confusions, tout simplement parce que beaucoup d'huiles possèdent le même nom d'usage. N'achetez jamais une essence où le nom botanique ne figure pas sur l'étiquette. Par exemple:

Tagète

Ce terme regroupe trois réalités botaniques bien différentes: l'œillet d'Inde (*Tagetes patula*), le tagète d'Égypte (*Tagetes minuta*), et la rose d'Inde (*Tagetes erecta*). On trouve parfois sur le marché de l'huile de tagète vendue sous le nom d'huile de calendula, alors que celle-ci est extraite par infusion du *Calendula officinalis*, c'est-à-dire du souci officinal des jardins, commercialisé en toutes petites quantités. Ne confondez donc pas les huiles de rose d'Inde, d'œillet d'Inde ou de tagète d'Égypte avec de l'huile de calendula: elles ne possèdent pas du tout les mêmes propriétés thérapeutiques!

Thuya

(*Thuja occidentalis*)

On la trouve parfois sous le nom d'huile essentielle de cèdre blanc ou d'huile essentielle de feuilles de cèdre, au risque de la confondre avec la véritable huile essentielle de cèdre (*Cedrus atlantica*).

Attention, l'essence de thuya est très toxique en raison de sa teneur élevée en thuyone, une substance convulsivante. On a même enregistré plusieurs décès après absorption par voie orale.

Verveine citronnelle

(*Aloysia tryphilla*)
Derrière le nom de cette huile essentielle, par ailleurs difficile à trouver, se cache souvent un mélange d'huiles de différents agrumes. De toute façon, l'essence de verveine citronnelle présente trop de dangers pour être utilisée par un amateur.

Mélisse

(*Melissa officinalis*)
D'énormes quantités de matière première sont nécessaires pour fabriquer quelques ml d'huile essentielle de mélisse! Méfiance donc si vous en trouvez à moins de 60 euros le flacon de 10 ml: vous risquez en fait d'acheter une huile essentielle dans laquelle ont été ajoutées différentes essences aux senteurs citronnées...

La vigilance s'impose!

Il existe trop peu de réglementations concernant la qualité et la dénomination des huiles essentielles que l'on trouve dans le commerce. Certes, il y a le label H.E.B.B.D. (« Huile Essentielle Botaniquement et Biochimiquement Définie ») et « Huiles essentielles 100 % pures et naturelles », ainsi que la certification « BIO », qui constituent autant de gages de qualité. Pour éviter un impair, je vous recommande d'acheter de grandes marques dans des pharmacies spécialisées en aromathérapie et en herboristerie ou dans des boutiques diététiques réputées. N'hésitez pas à demander conseil. Enfin, pensez que toute chose a un coût, et que les différences de prix sont énormes entre un flacon d'huile essentielle de néroli, de rose ou de mélisse et son équivalent d'essences d'oranger, de bois de rose ou de lavande!

Suivez les instructions!

Les huiles essentielles ne doivent jamais être absorbées par voie orale, sauf si cela est expressément prescrit par un médecin spécialisé en aromathérapie.
Quand elles sont utilisées par voie externe, de manière adéquate et en observant les dosages appropriés, la plupart des huiles essentielles ne présentent aucun danger. Cependant, quelques essences possèdent des propriétés pouvant causer des problèmes, dans certaines conditions:

Photosensibilité

Quand elles ont été appliquées sur la peau, certaines substances chimiques peuvent causer une réaction excessive de l'épi-

À SAVOIR

L'enfleurage
Pour extraire l'huile essentielle de choses aussi délicates que les pétales de fleurs, on utilise traditionnellement l'enfleurage. Se pratiquant soit à chaud, soit à froid, la technique consiste à plonger les pétales dans de la graisse animale ou végétale (froide ou chaude), puis à les laisser macérer en répétant l'opération de nombreuses fois. Le corps gras est ensuite éliminé à l'aide d'alcool qu'on laissera évaporer avant d'obtenir l'essence de rose, de jasmin ou de fleur d'oranger.
Vous comprenez maintenant pourquoi l'huile essentielle de néroli est très difficile à trouver et pas vraiment à la portée de toutes les bourses! Pour retrouver à peu près les mêmes vertus thérapeutiques, vous pourrez la remplacer par un mélange à parts égales d'essences de mandarine et de petit grain. Cependant, si vous souhaitez créer un parfum de très grande classe, il vous faudra absolument investir dans l'achat de cette petite merveille!

N'achetez les huiles essentielles que dans des pharmacies spécialisées en aromathérapie et en herboristerie. Et n'hésitez surtout pas à demander conseil.

À SAVOIR

Les bienfaits du pamplemousse

L'huile essentielle de pamplemousse, comme celle de tous les agrumes, est dépourvue de propriétés photosensibles. Si vous êtes amené à vous exposer au soleil, vous pouvez donc l'utiliser sans crainte et de préférence à une essence à risque. Attention cependant, l'huile essentielle de pamplemousse s'oxyde rapidement. Vous l'achèterez donc en petites quantités à la fois.

Même diluées à 0,4 %, certaines huiles essentielles restent photosensibles. Lisez toujours les précautions d'emploi et les mises en garde figurant sur l'étiquette du flacon.

derme après une exposition aux rayons ultraviolets du soleil. C'est ce que l'on appelle la photosensibilité. Ce phénomène dure au minimum 12 heures après une application locale, et souvent bien plus longtemps. Il peut occasionner des brûlures superficielles à importantes selon que l'huile essentielle en cause a été plus ou moins diluée.

Substances allergènes

Même en quantité infime, une substance peut déclencher une réaction allergique si votre corps ne la tolère pas. À la suite d'une première application, cette sensibilité se remarque généralement à peine. Cependant, si vous êtes allergique à une huile essentielle et que vous l'utilisez souvent, votre organisme va réagir de plus en plus violemment. Encore une fois, lisez toujours les précautions d'emploi et les éventuelles contre-indications figurant sur l'étiquette ou l'emballage du flacon. Mieux encore, avant d'essayer une nouvelle essence, faites un test sur une petite zone de votre épiderme (voir L'aromathérapie pratique, Les méthodes de A à Z, Patch, p. 157).

Irritations cutanées

À la différence d'une allergie qui s'aggrave avec le temps, une irritation ou une inflammation cutanées peuvent apparaître à la suite d'une première application. La gravité de la réaction dépendra de la quantité d'essence utilisée et de la réactivité de chacun. Certaines huiles essentielles peuvent déclencher des irritations légères à sérieuses de l'épiderme. Si vous avez la peau sensible, si vous êtes sujet à de fréquentes réactions allergiques, il serait judicieux de tester au préalable les essences « à risque » avant de les ajouter dans vos produits de soins corporels. Là encore, faites un test (voir L'aromathérapie pratique, Les méthodes de A à Z, Patch, p. 157).

Informations pour votre sécurité

N'ingérez pas d'huiles essentielles, sauf si elles vous ont été prescrites par un aromathérapeute qualifié.

Si vous êtes enceinte, ou si vous souffrez d'épilepsie, de problèmes de foie, d'un cancer ou de tout autre problème médical, utilisez des huiles essentielles uniquement sous la supervision d'un aromathérapeute qualifié.

La plus grande prudence s'impose dans l'utilisation d'huiles essentielles sur des enfants. Respectez le dosage.

À lire pour en savoir davantage sur la sécurité et les huiles essentielles :
Essential Oil Safety: A Guide for Health Care Professionals
Author: Robert B. Tisserand and Tony Balacs • Publisher: Churchill Livingstone • Copyright: 1995 • ISBN: 0-443-05260-3

Attention : huiles dangereuses

Fortement concentrées en substances toxiques, narcotiques, abortives (susceptibles de favoriser une fausse couche) ou carcinogènes, les huiles essentielles suivantes sont exclusivement réservées aux spécialistes confirmés en aromathérapie. N'essayez pas de vous y frotter ! Éventuellement, vous pouvez utiliser certaines des plantes suivantes sous forme d'huiles infusées, c'est-à-dire moins concentrées en substances actives et donc moins dangereuses. Attention, observez toujours les précautions d'emploi figurant sur l'emballage.

- Acore vrai (Roseau odorant), *Acorus calamus.*
- Amande amère, *Prunus amygdalus.*
- Anis vert, *Pimpinella anisum.*
- Ansérine (Chénopode), *Chenopodium ambrosiodes.*
- Armoise, *Artemisia herba-alba.*
- Arnica, *Arnica montana.*
- Aunée, *Inula helenium.*
- Bouleau jaune, *Betula lenta.*
- Bucco, *Agosthoma betulina.*
- Camphre, *Cinnamomum camphora.*
- Casse (Cannelle de Chine), *Cinnamomum cassia.*
- Costus, *Saussurea costus.*
- Elémi de Manille, *Canarium luzonicum.*
- Estragon, *Artemisia dranunculus.*
- Gaulthérie, *Gaultheria procumbens.*
- Genévrier sabin, *Juniperus sabina.*
- Génépi (Armoise absinthe), *Artemisia absinthium.*
- Menthe pouliot, *Mentha pulegium.*
- Moutarde, *Brassica nigra.*
- Musc des chênes, *Evernia prunastri.*
- Origan, *Origanum vulgare.*
- Raifort, *Armoracia rusticana.*
- Sarriette, *Satureia hortensis.*
- Sauge officinale, *Salvia officinalis.*
- Sassafras, *Sassafras albidum.*
- Tanaisie, *Tanacelum vulgare.*
- Thuya, *Thuja occidentalis.*
- Verveine citronnelle, *Aloysia tryphilla.*

À SAVOIR

Huiles essentielles à éviter pendant la grosses
Basilic, cannelle,cèdre, céleri, fenouil, genièvre, hysope, jasmin, marjolaine, mélisse, menthe poivrée, menthe pouliot, muscade, myrrhe, persil, romarin, sauge sclarée et thym.

Huiles essentielles à éviter pendant les 4 premiers mois de grossesse
Camomille, géranium, lavande, rose.

Un patch-test doit être effectué sur la peau avant toute première utilisation d'un type d'huile essentielle.

L'aromathérapie au quotidien

Après avoir longtemps utilisé des **huiles essentielles pour soigner votre peau et vos cheveux**, il vous sera difficile de revenir aux **produits du commerce** : leur parfum vous paraîtra par trop **synthétique** et **chimique** ! Personnellement, j'ai les narines qui me chatouillent désagréablement quand je passe dans le rayon parfumerie de mon supermarché. L'odeur des shampooings ou des savons me donne envie d'éternuer !

Des huiles essentielles au jour le jour

Dans cette partie, il sera question de votre vie de tous les jours et des soins dont votre visage, vos mains ou votre corps tout entier ont besoin pour rester en bonne santé. Dans cette perspective d'une utilisation quotidienne de l'aromathérapie, les essences de plantes parfumeront et assainiront également l'air de votre maison.

À SAVOIR

Un soutien pour l'organisme

Les huiles essentielles aideront votre organisme et votre corps à « reprendre le dessus ».
L'aromathérapie vous comblera de bienfaits :

- elle permettra de soulager des indispositions quotidiennes ;
- elle renforcera votre système immunitaire, ainsi que vos organes et vos glandes qui seront ainsi mieux à même de combattre les bactéries, les champignons et les virus ;
- elle réduira votre stress et votre nervosité ;
- elle détendra vos muscles et leur donnera plus de vigueur.

Équivalences
1 verre : 25 cl
1 cuiller à soupe : 20 ml
1 cuiller à café : 5 ml

Faites-vous plaisir tous les jours

Les huiles essentielles sont bien utiles partout et dans toutes les situations, y compris les plus banales.
Comme vous le verrez en lisant ces pages, elles sont toujours très simples à utiliser. Au début, cet éventail d'essences aux vertus si différentes vous déconcertera peut-être un peu. Très vite cependant, l'aromathérapie deviendra un plaisir quotidien. Vous vous amuserez à réaliser vous-même des produits de soin à l'aide de ces ingrédients que la nature nous a donnés. Vous aurez envie d'essayer de nouvelles huiles essentielles, des alliances inédites de parfum ou des élixirs dont vous aurez le secret… Croyez-moi, l'aromathérapie est un véritable art, une source perpétuelle d'enrichissement et de plaisirs !

Jour après jour, les bienfaits des huiles essentielles sur votre peau, votre corps, votre santé ou votre esprit vous apparaîtront toujours plus évidents. Comme pour moi, elles vous deviendront indispensables. Elles nourriront chaque instant de votre vie !

Vos huiles essentielles de soins de beauté

Soins et fonctions	Huiles essentielles
Acné et dermatite	Bois de rose, bouleau, camomille, férule, genièvre, géranium, hélichryse, lavande, litsea cubeba, palmarosa, patchouli et santal.
Allergie	Camomille.
Antiseptique	Toutes les huiles essentielles, mais surtout benjoin, genièvre, géranium et lavande.
Astringence	Benjoin, carotte, genièvre, géranium, citron, patchouli, rose, santal.
Bouffissure	Camomille, géranium et rose.
Cellulite	Citron, genièvre et pamplemousse.
Cicatrice	Bois de rose, camomille, carotte, citron, encens, genièvre, géranium, lavande et patchouli.
Conservation	Benjoin.
Craquelure et dessèchement	Benjoin et santal.
Croissance cellulaire	Baume du Pérou, encens, géranium, hélichryse, lavande, néroli, palmarosa et rose.
Déshydratation	Carotte et santal.
Déodorant	Benjoin, bergamote, bois de rose, cyprès, géranium, lavande, litsea cubeba, néroli et patchouli.
Équilibrant	Encens et géranium.
Eczéma	Baume du Pérou, bergamote, bouleau, camomille, genièvre, géranium, hélichryse et palmarosa.
Élasticité	Benjoin, camomille, carotte et néroli.

À SAVOIR

Dosages

Dans tous les cas, les dosages seront effectués avec beaucoup de précision, car les huiles essentielles sont extrêmement riches en substances actives. Lorsqu'une recette dit d'utiliser 2 gouttes, ne vous amusez pas à en mettre 4 en pensant que le remède sera plus efficace! Achetez un compte-gouttes, une seringue ou des pipettes graduées chez votre pharmacien. Le tableau figurant ci-dessous est une sorte de pense-bête pour savoir quelle huile utiliser face à toutes sortes de problèmes cutanés. Pensez toujours à choisir l'alliance d'huiles essentielles qui convient le mieux à votre type de peau.

Quand on a le nez bouché ou des difficultés pour s'endormir, rien de tel qu'un mouchoir humecté de quelques gouttes d'huile essentielle d'eucalyptus posé sur la table de nuit !

À SAVOIR

Qu'est-ce que l'aromathérapie ?

Je considère qu'il est très important – et aussi rassurant – de pouvoir traiter et soigner soi-même des problèmes simples ou de petites indispositions passagères. Je pense aussi qu'il est souvent vital de pouvoir faire rapidement face à une situation d'urgence quand elle se présente. C'est à tout cela que va répondre l'aromathérapie. Je suis certaine que vous vous sentirez mieux armé et plus riche quand vous comprendrez à quel point les huiles essentielles, véritables cadeaux de la nature, vont améliorer votre santé et votre bien-être. Mes remèdes sont adaptés aux différents problèmes de santé que vous pouvez rencontrer, vous, votre famille ou vos proches.

Soins et fonctions	Huiles essentielles
Émollient	Camomille, géranium, jasmin, lavande, rose et santal.
Fixatif de parfum	Benjoin et patchouli.
Infection fongique	Benjoin, lavande, myrrhe, patchouli et tea-tree.
Inflammation	Benjoin, camomille, rose et santal.
Peau (tous types)	Bois de rose, géranium, jasmin, lavande, néroli, palmarosa et rose.
Peau grasse	Bois de rose, citron, cyprès, litsea cubeba, patchouli et ylang-ylang.
Peau normale	Bois de rose, géranium, jasmin, lavande, néroli, palmarosa et ylang- ylang.
Peau sèche et sensible	Camomille, jasmin, néroli et rose.
Régulation du sébum	Cyprès et palmarosa.
Rides	Bois de rose, carotte, encens, lavande, palmarosa, patchouli et rose.
Ulcérations variqueuses	Bois de rose, camomille, citron, cyprès, lavande, néroli et rose.
Vieillissement (peau et cheveu)	Carotte, encens, férule, géranium, lavande, rose, néroli, palmarosa et ylang-ylang.

Soins de la peau

Les traitements conseillés ici conviennent à toutes les sortes de peaux, qu'elles soient sèches, mixtes ou grasses. Si telle ou telle huile essentielle requise venait à vous manquer, aucune importance! Vous en choisirez une autre en vous aidant du tableau figurant au début de cette partie (voir p. 28-30).

Le visage

Quand on parle de soins de la peau, c'est à lui que l'on pense immédiatement. Même s'il n'est pas le seul à devoir profiter de vos soins attentifs, il est vrai qu'il mérite des égards de tous les instants.

Peaux normales

Une peau normale possède un grain fin. Elle est douce et lisse au toucher, avec des pores ni trop grands ni trop petits. Enfin, elle est dépourvue de points noirs, de boutons ou de petits vaisseaux éclatés. Si vous appliquez au réveil un morceau de cellulose sur votre visage, l'épiderme ne laissera qu'une très légère trace grasse.
Vous avez beaucoup de chance d'avoir une peau normale! Prodiguez-lui des soins attentifs. Protégez-la du vent, du soleil, de la sécheresse ou de l'humidité, en utilisant des hydratants doux et des lotions nettoyantes et tonifiantes.

Peaux grasses

Ce type de peau présente un grain rugueux. De taille plus importante que la normale, les pores ont tendance à présenter des points noirs et des boutons du fait d'une sécrétion excessive de sébum. L'application d'un mouchoir sur le visage au réveil laissera une marque grasse bien visible.
Ne vous lamentez pas si vous êtes dans ce cas. Dites-vous que vous aurez moins tendance à avoir des rides que les autres, et que votre peau deviendra moins grasse en vieillissant!
C'est une grave erreur d'utiliser des savons abrasifs ou des astringents à base l'alcool dans l'espoir de limiter les sécrétions sébacées. Ces produits ont exactement l'effet inverse: ils ont tendance à stimuler la production de sébum, si bien qu'ils font empirer, à terme, le problème!

À SAVOIR

Une peau de bébé
Les bébés ont une peau parfaite: douce, dense et élastique, bien hydratée et sécrétant suffisamment de sébum pour se protéger des agressions extérieures. Sa texture change insensiblement avec l'âge, les changements hormonaux, les facteurs d'ordre héréditaire et, plus généralement, suite aux effets du vieillissement. Pour qu'elle garde son bel aspect aussi longtemps que possible, il est donc très important de savoir en prendre soin, en fonction de son propre type de peau.

À SAVOIR

À chacun son parfum

Un petit détail : les produits que je vous recommande concernent non seulement les femmes, mais aussi les hommes, qui ont trop souvent le tort de mépriser les soins de la peau. J'ai pensé à eux: lorsque des huiles essentielles au parfum puissant sont recommandées, j'en suggère d'autres à l'odeur plus spécifiquement masculine. Ainsi, ces messieurs n'auront pas l'excuse de craindre, comme ils disent, de « sentir la cocotte »!

Les peaux grasses nécessitent l'application d'hydratants non gras, en évitant le contour des yeux, le cou et les lèvres, qui réclament un produit plus riche. Si vous possédez ce type de peau, je vous recommande de faire régulièrement des masques et des fumigations. Ainsi, en favorisant régulièrement l'ouverture des pores de votre épiderme, vous préviendrez la formation de points noirs.

Peaux sèches

Une peau sèche présente un grain fin et délicat, avec des pores de petite taille. Elle offre l'avantage de présenter rarement des points noirs, mais elle a tendance à peler facilement. C'est mon cas: je suis donc bien placée pour en parler! Personnellement, j'évite de me laver le visage à l'eau et au savon. Quand il m'arrive de le faire, ma peau me tire tellement que j'ai l'impression qu'elle va éclater!

Les personnes ayant une peau sèche utiliseront les masques et les fumigations avec beaucoup de précaution. En effet, ces soins risquent de provoquer l'éclatement des petits vaisseaux sanguins du visage, phénomène auquel ce type d'épiderme est prédisposé.

Peaux mixtes

C'est le type le plus fréquent, où certaines parties du visage sont plus grasses (nez, front et menton) que d'autres (joues et pommettes). Si vous appliquez le matin un mouchoir en papier, vous verrez se dessiner une forme grisâtre en forme de T indiquant les régions grasses et sèches. Les personnes ayant une peau mixte ont souvent des points noirs autour du nez, ainsi que des boutons sur le front ou sur le menton. Elles présentent parfois aussi de petites zones plus grasses au niveau du bas du visage.

Si vous avez une peau mixte, vous devrez suivre à la fois des soins pour peaux grasses et pour peaux sèches.

À SAVOIR

Savez-vous que...

- L'essence de camomille adoucit les peaux sèches.
- L'huile essentielle de carotte améliore l'élasticité de la peau.
- L'huile essentielle de citron est adaptée aux soins de peaux grasses.
- Si vous utilisez l'essence de palmarosa régulièrement, vous verrez vos rides s'atténuer.
- L'ylang-ylang équilibre la sécrétion de sébum.

Fumigations

Les bains de vapeur du visage favorisent l'ouverture des pores et font transpirer la peau, ce qui permet d'éliminer les impuretés, les cellules mortes et le sébum qui a pu durcir. La chaleur stimule la circulation sanguine à la surface de l'épiderme. Elle hydrate la peau, la rajeunit et l'adoucit. Si vous pratiquez régulièrement ce soin, votre teint deviendra plus clair et plus lumineux.

Les personnes ayant une peau normale, grasse ou mixte peuvent faire des fumigations faciales sans problème jusqu'à deux fois par semaine. En revanche, comme je l'ai déjà écrit plus haut, vous devrez prendre certaines précautions si vous avez la peau sèche ou si votre épiderme laisse entrevoir de petits vaisseaux sanguins. Sur ces derniers, appliquez une mince couche d'hydratant ou de crème de nuit et tenez votre visage à 40 cm minimum de la surface de l'eau chaude, jamais moins ! En outre, ne faites pas plus d'une fumigation tous les 15 jours.

Comment les préparer ?

Dans un petit flacon, verser tous les ingrédients recommandés dans les fumigations ci-dessous, puis agiter vigoureusement. Si possible, laisser reposer quatre jours, afin que les huiles essentielles amplifient leurs effets par synergie. Conserver à l'abri de la lumière et dans un endroit frais. Agiter toujours avant l'emploi.

Comment procéder ?

Préparer un bonnet de bain, une grande serviette-éponge et un dessous de plat résistant à la chaleur.
Laver soigneusement le visage, puis coiffer le bonnet de bain.
Dans une grande casserole, faire bouillir 2 litres d'eau, puis poser le récipient sur le dessous de plat.
À la surface de l'eau, verser 2 gouttes d'huile essentielle de votre choix ou 1 cuiller à café de l'un des soins proposés ci-dessous. Mettre immédiatement la grande serviette autour de la tête, les pans devant retomber autour de la casserole pour former une sorte de « tente ».
Fermer les yeux et garder le visage penché à 20 cm environ de la surface de l'eau. Rester 5 à 10 minutes dans cette position.
Une fois le soin terminé, asperger le visage d'eau fraîche (pas froide), puis appliquer une lotion tonifiante ou une crème hydratante.

Fumigation « peau normale ou mixte »

3 cuillers à soupe d'huile d'amande douce • 8 gouttes d'huile essentielle de géranium • 6 gouttes d'huile essentielle de palmarosa • 6 gouttes d'huile essentielle d'ylang-ylang ou de lavande

Fumigation « peau sèche »

3 cuillers à soupe d'huile d'amande douce • 8 gouttes d'huile essentielle de bois de rose • 8 gouttes d'huile essentielle de palmarosa • 4 gouttes d'huile essentielle de rose ou de lavande

À SAVOIR

Attention à la qualité de l'eau !
Si l'eau du robinet est chlorée, utilisez plutôt de l'eau de pluie ou de l'eau distillée pour vos fumigations, les vapeurs dégagées pouvant se révéler dangereuses pour votre santé. Éventuellement, laissez un bol rempli d'eau du robinet pendant 24 heures, afin que le chlore s'évapore.

Si vous aimez vraiment les agrumes et les saveurs orangées, essayez de mélanger les huiles essentielles de petit grain, d'orange et de néroli. Sur votre moral en berne, l'effet ressemblera à un grand rayon de soleil au milieu d'un ciel d'hiver chargé de nuages menaçants...

À SAVOIR

Fumigation purifiante pour le visage

1 cuiller à café d'huile essentielle de palmarosa • 1 cuiller à café d'huile essentielle de lavande • 1/2 cuiller à café d'huile essentielle de tea-tree • 30 gouttes d'huile essentielle de géranium • 20 gouttes d'huile essentielle de thym

Verser tous les ingrédients dans un petit flacon et agiter vigoureusement. Laisser reposer quatre jours avant utilisation, afin que les différentes substances amplifient leurs effets par synergie. Agiter avant emploi.

Traitement

L'action antibactérienne du produit, combinée à la chaleur de la vapeur, va faire ressortir toutes les impuretés à la surface de votre peau. Ne l'utilisez pas avant un rendez-vous important !

N'utilisez jamais un exfoliant sur des régions de la peau présentant des petits vaisseaux sanguins éclatés : son action stimulante risquerait d'aggraver encore le problème.

Fumigation « peau grasse »

3 cuillers à soupe d'huile d'amande douce • 12 gouttes d'huile essentielle de citron • 4 gouttes d'huile essentielle de patchouli • 4 gouttes d'huile essentielle de santal

Fumigation « peau ridée ou distendue »

3 cuillers à soupe d'huile d'amande douce • 12 gouttes d'huile essentielle de camomille • 6 gouttes d'huile essentielle d'encens • 2 gouttes d'huile essentielle de lavande ou de rose

Exfoliants

Utilisables à tout âge, tant chez les sujets jeunes que chez les personnes âgées, ils desquament l'épiderme, c'est-à-dire qu'ils éliminent les cellules mortes de la peau. Les exfoliants réduisent aussi l'excès de sébum. Ils referment les pores, augmentent la circulation sanguine et, plus généralement, nourrissent la peau. Grâce à eux, vous aurez le teint frais et rose!

De votre type de peau dépendra la fréquence de vos exfoliations. Si vous avez la peau grasse, vous pourrez effectuer ce traitement deux fois par semaine. Si vous avez la peau fine et sèche, limitez-vous à un gommage tous les quinze jours.

Exfoliant « tous types de peaux »

2 cuillers à soupe d'huile d'amande douce • 1 cuiller à soupe de poudre d'amande • 1 cuiller à café de vinaigre de cidre • 2 gouttes d'huile essentielle de romarin • 6 gouttes d'huile essentielle d'encens • 2 gouttes d'huile essentielle de lavande ou de rose • eau stérilisée

Mélanger tous les ingrédients en ajoutant de l'eau préalablement bouillie jusqu'à obtenir la consistance d'une pâte.

Si vous avez la peau sèche, vous devrez légèrement adapter cet exfoliant: utilisez du jus d'orange au lieu du vinaigre de cidre, et ajoutez 1 cuiller à café de miel.

Utilisation

Cet exfoliant convient à toutes les sortes de peaux. Comme il est suffisamment doux, vous l'utiliserez tous les jours si vous le souhaitez. Mettre un peu d'exfoliant sur les doigts, puis masser doucement la peau du visage et du cou. Rincer à l'eau tiède et sécher en tamponnant doucement avec une serviette. Pour finir, appliquer une crème ou une lotion hydratantes.

Exfoliant au yaourt « peaux grasses, normales ou mixtes »

1 cuiller à soupe de yaourt • 2 cuillers à café de poudre d'amande • 1 cuiller à café de levure de bière • 1 cuiller à café de miel liquide • 2 gouttes d'huile essentielle de lavande

Mélanger les ingrédients pour obtenir une pâte lisse.

Utilisation

La levure de bière stimule la circulation, attirant le sang à la surface de la peau. Le yaourt, quant à lui, purifie l'épiderme et équilibre son pH. La pâte d'amande est un exfoliant et un adoucissant, tandis que le miel joue à la fois un rôle de purifiant, d'hydratant et d'antiseptique naturels.

Mettre un peu d'exfoliant sur les doigts, puis masser doucement la peau du visage et du cou. Rincer à l'eau tiède et sécher en tamponnant doucement avec une serviette. Pour finir, appliquer une crème ou une lotion hydratantes.

En utilisant cet exfoliant, veiller à ne pas trop frotter les joues, irriguées de capillaires très délicats et situés à fleur de peau.

Masques

Quel que soit votre type de peau, c'est un soin toujours extrêmement bénéfique. Les masques donnent une plus belle couleur et une meilleure texture à l'épiderme. Ils permettent de le nettoyer en profondeur, en éliminant les cellules mortes présentes à la surface. Ils vous donneront un teint frais et une mine resplendissante.

Masque de base

100 g de kaolin • 2 cuillers à soupe de farine de maïs • 1 cuiller à soupe de poudre d'avoine • 1 cuiller à soupe d'amande en poudre • 20 gouttes d'huiles essentielles convenant à votre type de peau

Mélanger d'abord soigneusement les ingrédients en poudre. Ajouter ensuite les huiles essentielles au goutte à goutte, en remuant pour éviter la formation de grumeaux. Conserver dans un petit pot hermétique.

Ce masque pourra être préparé à l'avance s'il est conservé dans un pot parfaitement hermétique. Avant de l'utiliser, verser 1 cuiller à soupe d'eau pour lui donner une consistance plus crémeuse; il est également possible de le diluer avec du jus ou de la pulpe de fruits, du vinaigre, de l'œuf ou de l'huile végétale.

Utilisation

Étaler le masque sur le visage et le cou. S'allonger sur un lit ou dans la baignoire et poser des morceaux de coton imbibé d'eau distillée d'hamamélis ou des rondelles de concombre sur les paupières. Se détendre le plus complètement possible et laisser agir 15 à 20 minutes. Enlever ensuite le masque à l'eau tiède, puis asperger le visage d'eau froide.

À SAVOIR

Masque de soin de l'acné et de l'eczéma

1 cuiller à soupe d'amande en poudre • 2 cuillers à café de farine de maïs ou de kaolin en poudre • 1 cuiller à café de miel • 1 goutte d'huile essentielle de genièvre • 1 goutte d'huile essentielle de camomille • 1 goutte d'huile essentielle de lavande

Mélanger tous les ingrédients, puis ajouter un peu d'eau pour obtenir la consistance d'une pâte onctueuse.

Traitement

Étaler doucement la crème sur le visage et le cou en prenant bien soin d'éviter le contour des yeux. S'allonger sur le dos et poser des morceaux de coton imbibés d'eau distillée d'hamamélis ou de thé froid à la camomille autour de vos yeux. Laisser agir 10 à 15 minutes avant d'enlever le masque à l'eau tiède. Enfin, s'asperger abondamment le visage d'eau fraîche.

Évitez d'utiliser l'exfoliant au yaourt si vous avez des plaques ou des veinules éclatées sur le visage.

Masque à l'orange « peau normale »

1 œuf battu • 1 cuiller à café d'huile d'olive • 2 cuillers à café de jus d'orange • 1 cuiller à café de miel • 1 goutte d'huile essentielle de rose ou de géranium • 1 goutte d'huile essentielle de bois de rose ou de jasmin • lait en poudre

Mélanger les ingrédients, puis ajouter le lait en poudre jusqu'à l'obtention d'une pâte lisse.

Utilisation

Étaler le masque sur le visage et le cou. S'allonger sur un lit ou dans la baignoire en posant sur les paupières des morceaux de coton imbibé d'eau distillée d'hamamélis ou des rondelles de concombre. Se détendre le plus complètement possible et laisser agir pendant 10 à 15 minutes. Enlever ensuite le masque à l'eau tiède, puis asperger le visage d'eau froide.

Masque « teint doré » pour peau sèche

1 œuf battu • 1 cuiller à café d'huile d'olive • 2 cuillers à café de jus d'orange • 1 cuiller à café de miel • 1 goutte d'huile essentielle de carotte (facultatif) • 2 gouttes d'huile essentielle de néroli ou de géranium • lait en poudre

Mélanger les ingrédients, puis ajouter le lait en poudre jusqu'à l'obtention d'une pâte lisse.

Utilisation

Même type d'utilisation que le masque à l'orange pour peau normale.

Masque au yaourt « peau grasse ou mixte »

1 cuiller à soupe de levure de bière • 1 cuiller à café 1/2 de yaourt • 1 cuiller à café d'eau distillée d'hamamélis • 1 cuiller à café d'huile d'olive • 1 cuiller à café d'huile de germe de blé • 1 cuiller à café de miel • 1 goutte d'huile essentielle de palmarosa • 1 goutte d'huile essentielle de citron • poudre d'avoine ou de kaolin

Mélanger les ingrédients, puis ajouter la poudre d'avoine ou de kaolin jusqu'à l'obtention d'une pâte lisse.

Utilisation

Même type d'utilisation que le masque à l'orange pour peau normale.

Masque aux œufs « peau sensible »

1 jaune d'œuf battu • 1 cuiller à café d'huile de jojoba • 1/2 cuiller à café de miel • 1 goutte d'huile essentielle de camomille • 1 goutte d'huile essentielle de carotte • 1 cuiller à café de lait en poudre ou de farine de maïs • eau ou eau de rose

À SAVOIR

Lotion magique contre l'acné

1/2 verre d'eau de rose • 1/4 verre d'eau minérale • 1 cuiller à café de vinaigre de cidre • 1/4 à 1/2 cuiller à café de glycérine • 5 gouttes d'huile essentielle de genièvre • 3 gouttes d'huile essentielle de santal • 2 gouttes d'huile essentielle de camomille

Verser tous les ingrédients dans un petit flacon et agiter vigoureusement. Laisser reposer quatre jours avant utilisation, afin que les différentes substances amplifient leurs effets par synergie. Conserver dans un endroit frais et à l'abri de la lumière.

Traitement

Agiter le produit avant chaque utilisation. Verser quelques gouttes sur un coton humide et renouveler souvent le traitement pour rafraîchir la peau.

Si vous avez la peau sèche ou des plaques sur le visage, le masque risque d'irriter votre épiderme. Ne le gardez pas trop longtemps !

Verser l'œuf, l'huile de jojoba, le miel et les huiles essentielles dans un petit bol, puis ajouter le lait en poudre ou la farine de maïs. Humidifier enfin avec de l'eau ou de l'eau de rose jusqu'à l'obtention d'une pâte lisse.

Utilisation

Même type d'utilisation que le masque à l'orange pour peau normale.

Démaquillants

Le nettoyage quotidien constitue le soin le plus important que vous donnez à votre visage. Il est indispensable pour lutter contre les effets de la pollution, de la poussière, des produits de maquillage et de toutes les agressions extérieures qui bouchent les pores de la peau et brouillent le teint. Les soins que vous trouverez ci-dessous comprennent une lotion pour peau sensible, une crème pour peau sèche, sensible ou ridée, enfin un savon pour peau normale ou grasse.

Démaquillant « peau sensible »

2 cuillers à soupe d'eau de rose • 3 cuillers à soupe d'eau stérilisée • 1/4 à 1/2 cuiller à café de glycérine (1/4 pour commencer, puis passer progressivement à 1/2 cuiller à café) • 6 gouttes d'huile essentielle convenant à votre type de peau

Mélanger les ingrédients dans un petit flacon d'une contenance d'environ 10 cl, puis agiter vigoureusement. Laisser reposer quatre jours, afin que les substances amplifient leurs effets par synergie.

Remuer de temps en temps. Après ce délai, passer le produit dans un filtre à café et conserver dans un flacon opaque. Agiter toujours avant l'emploi.

Utilisation

Cette lotion de toilette vous sera très utile si vous avez la peau très sensible, de l'acné, des boutons, ou tout autre problème cutané. Elle fera également office d'hydratant si vous lui ajoutez 1 cuiller à café d'huile d'amande douce ou une autre huile aussi fine.

Tremper dans l'eau chaude un bout de coton de la taille de la main. Le rincer et l'aplatir, verser un peu de lotion, puis nettoyer le visage et le cou. Renouveler l'opération si nécessaire. Après cette toilette faciale, il est inutile d'appliquer un astringent.

À SAVOIR

Lotion « palmarosa »

1/3 verre de vinaigre de cidre • 15 gouttes d'huile essentielle de palmarosa • 15 gouttes d'huile essentielle de tea-tree • 2 cuillers à café de teinture de myrrhe

Verser tous les ingrédients dans un petit flacon et agiter vigoureusement. Laisser reposer quatre jours avant utilisation, afin que les différentes substances amplifient leurs effets par synergie. Conserver dans un endroit frais et à l'abri de la lumière.

Traitement

Verser 1 cuiller à café de produit dans un verre rempli d'eau tiède. Utiliser comme eau de rinçage après le lavage du visage.

L'essence de palmarosa hydrate parfaitement la peau, stimule sa régénération et régule la sécrétion de sébum.

À SAVOIR

Comment conserver les huiles essentielles

Sauf indication contraire, les huiles doivent être conservées généralement dans un endroit sombre, ni trop froid, ni trop chaud. Vous les consommerez rapidement une fois le flacon ouvert. L'huile d'onagre et l'huile de bourrache, particulièrement fragiles, sont toutes deux très sensibles à l'air, à la chaleur et à la lumière.

Crème purifiante « peau sèche, sensible ou ridée »

1 cuiller à soupe d'huile d'olive • 60 g d'huile de coco, de coprah ou d'huile végétale solide quelconque • 1 goutte d'huile essentielle de benjoin (facultatif) • 10 gouttes d'huile essentielle de bois de rose • 10 gouttes d'huile essentielle de palmarosa (santal pour les hommes)

Verser l'huile d'olive et l'huile solide dans un récipient et mettre au bain-marie. Retirer du feu et remuer pour faire revenir le mélange à une température proche de 37 °C. Ajouter alors les huiles essentielles et mélanger jusqu'à ce qu'elles soient parfaitement incorporées. Transvaser dans un flacon bien propre. Conserver au réfrigérateur l'été seulement, ou lors de grosses chaleurs. Attention, ce produit ne se conserve pas plus de quinze jours!

Utilisation

Les peaux sèches, grasses ou ridées supportent très mal qu'on les nettoie à l'eau et au savon: elles ont besoin d'un démaquillant beaucoup plus doux.

Appliquer la crème sur le visage et sur le cou. Il est possible de faire varier la consistance de cette crème en ajoutant plus ou moins d'huile d'olive.

Savon glycériné au miel

2 à 3 cuillers à soupe d'eau • 4 verres 1/2 de paillettes ou de poudre de savon sans adjuvant • 2 cuillers à café de glycérine • 2 cuillers à café de miel • 30 gouttes d'huile essentielle de romarin • 10 gouttes d'huile essentielle de lavande

Quand vous fabriquerez votre savon, utilisez le moins d'eau possible. Autrement, il rétrécira en séchant!

Dans un récipient en plastique, verser un peu d'eau et les paillettes de savon, puis mettre au micro-ondes à la puissance maximale pendant 2 à 3 minutes. Retirer du four quand le mélange est fondu, et remuer avec une cuiller. Si la consistance n'est pas assez liquide, ajouter encore de l'eau et remettre à chauffer.

Verser ensuite la glycérine et le miel, en continuant à remuer pour bien incorporer ces ingrédients. Ajouter les huiles essentielles quand le mélange aura légèrement refroidi. Rouler enfin le savon en boule ou le couler dans un moule de fortune (par exemple un porte-savon ou une boîte en carton coupée en deux). Laisser sécher dans une pièce bien aérée pendant deux à six semaines. Quand le savon aura bien durci, le polir à l'aide d'un linge légèrement humecté d'1 ou 2 gouttes d'huile essentielle de romarin ou de lavande.

Utilisation

Si vous avez une peau normale, mixte ou grasse, je vous conseille vivement d'utiliser ce savon pour votre toilette du

visage et du cou. Ce produit n'est pas difficile à préparer, et même amusant à faire.
Il apportera à votre visage les bienfaits conjugués de ses huiles essentielles, de la glycérine et du miel. Ces deux derniers sont des humectants: ils garderont votre peau parfaitement hydratée.

Tonifiants et astringents

Ils éliminent le surplus de graisses sur la peau, stimulent doucement la circulation sanguine, et restaurent le manteau acide de l'épiderme. Ils laissent la peau fraîche et propre. Les produits contenant de l'alcool ou un dosage important d'eau distillée d'hamamélis sont appelés astringents. Ils ne seront jamais utilisés sur des peaux sèches, sensibles, ou présentant des rides. Les personnes à la peau très grasse éviteront également d'y recourir trop souvent: l'usage fréquent et répété d'un astringent fortement alcoolisé risque en effet de stimuler la sécrétion de leurs glandes sébacées.
Vous pouvez également utiliser les astringents pour vous démaquiller, ou simplement pour vous rafraîchir au cours de la journée.

Deux méthodes pour les appliquer

• Humecter un bout de coton à l'aide d'un peu d'eau, puis verser quelques gouttes de la précieuse lotion. Passer doucement ce coton sur le visage et le cou.
• Humecter un bout de coton humide à l'aide d'un peu d'eau, le plier en deux, puis verser quelques gouttes de lotion. Prendre le coton par l'un des coins et tamponner vivement le visage en évitant les joues, où les vaisseaux sanguins superficiels risquent d'éclater facilement. Cette méthode offre l'avantage de donner un « coup de fouet » à l'épiderme en stimulant l'apport de sang, qui va nourrir la peau et l'aider à se purifier. En outre, elle éliminera les traces de fatigue et éclaircira le teint.

Astringent et après-rasage tonifiants « peau grasse ou mixte »

1/2 verre d'eau distillée d'hamamélis • 1/4 de verre d'eau stérilisée • 1 cuiller à soupe de vinaigre de cidre • 5 gouttes d'huile essentielle de santal • 3 gouttes d'huile essentielle de benjoin • 2 gouttes d'huile essentielle de menthe verte • 1/4 à 1/2 cuiller à café de glycérine

Verser les ingrédients dans un flacon et agiter vigoureusement. Si possible, laisser reposer quatre jours, afin que les dif-

À SAVOIR

Points noirs
Ils apparaissent quand les glandes sébacées sécrètent du sébum en quantité excessive. Ne parvenant pas à sortir des pores de la peau, ce dernier se solidifie avant de noircir au contact des impuretés de l'air. Les points noirs, outre leur côté disgracieux, s'avèrent un réel problème s'ils ne sont pas traités correctement, car ils peuvent déboucher sur des infections plus sérieuses. Les gommages du visage sont très efficaces pour prévenir leur apparition. Pour les éliminer, la meilleure méthode est la fumigation à l'aide de vapeur d'eau et d'huiles essentielles. La chaleur liquéfiera le sébum durci et détendra les pores de la peau, tandis que les vertus antiseptiques des essences de plantes préviendront tout risque infectieux...

Évitez les astringents si vous avez la peau sèche, sensible ou ridée.

férentes substances amplifient leurs effets par synergie. Conserver dans un endroit frais et à l'abri de la lumière. Agiter avant l'emploi.

Astringent doux à la rose « peau fine ou ridée »

3/4 de verre d'eau de rose • 1/4 de verre d'eau stérilisée • 3 gouttes d'huile essentielle de bois de rose ou de rose • 3 gouttes d'huile essentielle de palmarosa • 1/2 cuiller à café de glycérine

Verser les ingrédients dans un flacon et agiter vigoureusement. Si possible, laisser reposer quatre jours, afin que les différentes substances amplifient leurs effets par synergie. Conserver dans un endroit frais et à l'abri de la lumière. Agiter avant l'emploi.
Les personnes dotées d'une peau normale ou mixte peuvent aussi se servir de cet astringent doux. Elles remplaceront seulement l'eau de rose par de l'eau distillée d'hamamélis.

Utilisation

Cet astringent est très facile à préparer. Il est à base d'eau de rose, un tonifiant de la peau dont l'efficacité n'est plus à démontrer.

Astringent à la lavande « peau normale ou mixte »

3/4 de verre d'eau de rose • 1/2 verre d'eau distillée d'hamamélis • 1/4 de verre d'eau stérilisée • 10 gouttes d'huile essentielle de lavande • 1/2 cuiller à café de glycérine

Verser les ingrédients dans un flacon et agiter vigoureusement. Si possible, laisser reposer quatre jours, afin que les différentes substances amplifient leurs effets par synergie. Conserver dans un endroit frais et à l'abri de la lumière. Agiter avant l'emploi.

Après-rasage « soleil levant » pour peau normale et mixte

3/4 de verre d'eau distillée d'hamamélis • 1/4 de verre d'eau stérilisée • 5 gouttes d'huile essentielle de santal • 3 gouttes d'huile essentielle de benjoin • 2 gouttes d'huile essentielle de romarin • 1/4 de cuiller à café de glycérine

Verser les ingrédients dans un flacon et agiter vigoureusement. Si possible, laisser reposer quatre jours afin que les différentes substances amplifient leurs effets par synergie. Conserver dans un endroit frais et à l'abri de la lumière. Agiter avant l'emploi.

À SAVOIR

Lotion astringeante contre les points noirs

2 cuillers à soupe d'eau minérale • 2 cuillers à café d'eau distillée d'hamamélis • 2 gouttes d'huile essentielle de cyprès • 1 goutte d'huile essentielle de palmarosa

Verser tous les ingrédients dans un petit flacon et agiter vigoureusement. Si possible, laisser reposer quatre jours avant utilisation, afin que les différentes substances amplifient leurs effets par synergie.

Traitement

Verser quelques gouttes de lotion sur un coton. Tamponner doucement la peau du visage.

L'huile essentielle de citron adoucit et tonifie l'épiderme. Elle est adaptée aux soins des peaux grasses et des peaux mates en raison de son action légèrement décolorante.

Utilisation

Cette lotion douce mais efficace favorise la contraction des pores de l'épiderme sans assécher la peau: un vrai miracle!

Après-rasage « fraîcheur mentholée »

3/4 de verre d'eau stérilisée • 1/4 de verre d'eau distillée d'hamamélis • 3 gouttes d'huile essentielle de menthe poivrée • 2 gouttes d'huile essentielle de menthe verte • 2 gouttes d'huile essentielle de citron • 2 gouttes d'huile essentielle de lavande • 2 gouttes d'huile essentielle de girofle • 1 cuiller à café de glycérine • 1/4 de cuiller à café de teinture de benjoin

Mettre les ingrédients dans un pot et mélanger. Laisser reposer une semaine, en agitant souvent le récipient. Passer ensuite le produit dans un filtre à café, puis conserver dans un flacon opaque. Agiter avant l'emploi.

Utilisation

Encore un produit pour homme qui peut être aussi bien utilisé comme astringent qu'en après-rasage! Il vous laissera la peau fraîche et nette.

À SAVOIR

Eau de rose

Ce liquide à l'odeur délicieuse est obtenu à partir de pétales ou d'huile de rose. L'eau de rose dite « triple », vendue en pharmacie est préparée par distillation de fleurs fraîches de *Rosa damascena* ou rose de Damas.

En diluant 1 part d'eau de rose dans le double d'eau distillée, vous obtiendrez un produit utilisable dans une crème purifiante, un tonifiant ou une lotion hydratante.

Vous pourrez aussi vous en servir comme eau de toilette.

Hydratants

Pour hydrater parfaitement la peau du visage, il faut utiliser à la fois de l'huile et de l'eau. Si l'on omet l'une ou l'autre, rien ne va plus! L'eau seule va inévitablement s'évaporer, sauf si elle est employée en combinaison avec de l'huile en massage, qui va emprisonner ses molécules à l'intérieur de l'épiderme. Les recettes d'hydratants qui suivent s'adressent aux différents types de peaux.

Rappelez-vous que seules les huiles essentielles de tea-tree et de lavande peuvent être utilisées non diluées, mais seulement sur de petites régions de peau.

Hydratant « peau sèche » à l'huile d'onagre

2 cuillers à soupe d'huile d'amande douce • 2 cuillers à soupe d'huile d'olive • 1 cuiller à café d'huile d'avocat • 1 cuiller à café d'huile de germe de blé • 60 gouttes d'huile essentielle d'onagre • 20 gouttes d'huile essentielle de graine de bourrache • 10 gouttes d'huile de jojoba • 10 gouttes d'huile essentielle de palmarosa (ou de santal pour hommes) • 5 gouttes d'huile essentielle de carotte • 5 gouttes d'huile essentielle de bois de rose • 5 gouttes d'huile essentielle de lavande • 2 gouttes d'huile essentielle de santal (ou de benjoin pour les hommes) • 2 gouttes d'huile essentielle de patchouli (ou de néroli ou d'encens pour les hommes)

Verser les ingrédients dans un flacon et agiter vigoureusement. Si possible, laisser reposer quatre jours, afin que les différentes substances amplifient leurs effets par synergie. Conserver dans un endroit frais et à l'abri de la lumière. Agiter avant l'emploi.

À SAVOIR

Racine d'iris

La poudre d'*Iris fiorentina* possède un parfum de violette séchée. Elle est obtenue en réduisant en poudre le rhizome âgé de 2 ans de cette plante à la belle fleur de couleur pourpre. Elle est utilisée comme fixatif dans les pots-pourris et les parfums. Vous en inclurez dans vos savons, vos dentifrices, et dans diverses préparations de soins corporels. Attention, l'allergie à la racine d'iris est fréquente ! Faites un test préalable.

Avec sa belle couleur dorée, l'huile essentielle de carotte est excellente pour les soins cutanées. Elle améliore l'élasticité de la peau, surtout en cas de vieillissement précoce.

Hydratant « rosée du matin » pour peau normale ou mixte

4 cuillers à soupe d'huile d'amande douce • 1 cuiller à café d'huile d'avocat • 1 cuiller à café d'huile de germe de blé • 30 gouttes d'huile d'onagre • 10 gouttes d'huile de jojoba • 10 gouttes d'huile essentielle de palmarosa (ou de santal pour hommes) • 5 gouttes d'huile essentielle de carotte • 5 gouttes d'huile essentielle de bois de rose • 5 gouttes d'huile essentielle de géranium (ou de benjoin pour les hommes) • 5 gouttes d'huile essentielle d'ylang-ylang (ou de néroli ou d'encens pour les hommes)

Verser les ingrédients dans un flacon et agiter vigoureusement. Si possible, laisser reposer quatre jours, afin que les différentes substances amplifient leurs effets par synergie. Conserver dans un endroit frais et à l'abri de la lumière. Agiter avant l'emploi.

Gel « peau satinée » pour peau mixte ou grasse

100 g de gel d'aloès • 25 gouttes d'un mélange d'huiles essentielles variées (carotte, citron, lavande ou genièvre)

Incorporer soigneusement les huiles essentielles dans le gel. Attention, la préparation de ce produit ne prend guère de temps, mais elle réclame un peu de minutie. Mais le jeu en vaut la chandelle, car il constitue un soin non gras très bénéfique sur une peau grasse !

Huile « peau soyeuse » pour peau grasse

4 cuillers à soupe d'huile de pépins de raisin • 30 gouttes d'huile d'onagre • 10 gouttes d'huile essentielle de carotte • 10 gouttes d'huile essentielle de citron • 10 gouttes d'huile essentielle de lavande • 5 gouttes d'huile essentielle de genièvre

Verser tous les ingrédients dans un flacon et agiter vigoureusement. Si possible, laisser reposer quatre jours, afin que les différentes substances amplifient leurs effets par synergie. Conserver dans un endroit frais et à l'abri de la lumière. Agiter avant l'emploi.

Utilisation

Utiliser cette huile pour les soins du cou, du contour des yeux et des lèvres. Appliquer également une mince couche de ce produit sur l'ensemble de votre visage en crème de nuit.

Hydratant à l'huile d'abricot et d'avocat « peau sensible »

4 cuillers à soupe d'huile de noyau d'abricot • 1 cuiller à soupe d'huile de graine de bourrache • 60 gouttes d'huile essentielle d'onagre • 40 gouttes d'huile de germe de blé • 5 gouttes d'huile essentielle de camomille • 5 gouttes d'huile essentielle de rose ou de bois de rose • 2 gouttes d'huile essentielle de lavande ou de néroli

Verser les ingrédients dans un flacon et agiter vigoureusement. Si possible, laisser reposer quatre jours, afin que les différentes substances amplifient leurs effets par synergie. Conserver dans un endroit frais et à l'abri de la lumière. Agiter avant l'emploi.

Utilisation

Même s'il ne contient que des huiles essentielles très douces pour la peau, faire toujours un essai préalable avant d'appliquer cet hydratant sur le visage.

Le contour des yeux

La peau située autour des yeux est particulièrement délicate: c'est elle, avec celle du cou, qui se ride le plus facilement. Les pattes d'oie, les poches sous les yeux et les cernes sont autant de choses inesthétiques dont on aimerait tous et toutes se passer! Les rides liées au rire sont un autre problème… Lors de vos soins du contour des yeux, prenez le maximum de précautions: pour éviter tout risque d'inflammation ou d'irritation, vos gestes seront toujours très doux.

La méthode de soin

Il est important de prendre soin de cette zone éminemment sensible et délicate de votre visage. Voilà comment procéder. Hydrater la peau située au-dessus et en dessous des yeux avec un peu d'eau. Avec le majeur (médius droit si vous êtes droitière ou droitier, médius gauche si vous êtes gauchère ou gaucher), appliquer ensuite un peu d'huile. Masser très doucement jusqu'à ce que le produit soit complètement absorbé par la peau. Laisser agir 20 minutes, puis enlever les éventuels surplus d'huile. Bien sûr, faire attention à ne pas se mettre de produit dans l'œil: il risquerait de piquer.

Huile « contour des yeux »

2 gélules (500 unités en tout) d'huile de vitamine E • 2 cuillers à soupe d'huile d'amande douce • 15 gouttes d'huile d'onagre • 5 gouttes d'huile essentielle de carotte • 5 gouttes d'huile essentielle de graine de bourrache • 10 gouttes d'huile essentielle de lavande

À SAVOIR

Œil au beurre noir

Dans un bol, verser 1 goutte d'huile essentielle de camomille, 1 goutte d'huile essentielle de lavande et 2 cuillers à café d'eau distillée d'hamamélis. Ajouter un glaçon. Remuer jusqu'à ce que la glace ait complètement fondu. Couper un morceau de coton hydrophile d'une taille suffisante pour recouvrir l'œil. Tremper le coton dans le liquide obtenu, essorer afin qu'il ne goutte pas, puis l'appliquer doucement sur la paupière fermée. Renouveler l'opération dès que le produit a perdu sa fraîcheur. Il est extrêmement important de garder l'œil fermé : le liquide ne doit jamais être en contact avec le globe oculaire.

La peau autour des yeux est très sensible et se ride facilement. Hydratez-la et prenez-en soin tout en faisant des gestes délicats.

À SAVOIR

Bain de bouche « Goût citron-menthe »

6 cuillers à soupe de vodka ou d'eau-de-vie • 1 goutte d'huile essentielle de thym • 5 gouttes d'huile essentielle de citron • 5 gouttes d'huile essentielle de menthe poivrée • 2 gouttes d'huile essentielle de lavande • 2 gouttes d'huile essentielle de tea-tree • 1 cuiller à café de glycérine

Verser tous les ingrédients dans un flacon et laisser reposer une semaine. Avant utilisation, passer le produit dans un filtre à café.

Traitement

Ce bain de bouche va purifier votre bouche et rafraîchir votre haleine. Il favorisera également la résorption des petites ulcérations buccales.

Verser 1 cuiller à café de produit dans 1/2 verre rempli d'eau chaude. Se rincer la bouche plusieurs fois et recracher.

Un conseil, mangez le persil qui décore votre assiette, c'est sans doute l'aliment le plus sain que vous allez manger pendant tout votre repas au restaurant ! En plus, il vous donnera bonne haleine !

Ouvrir les gélules de vitamine E et ajouter leur contenu aux autres ingrédients. Bien mélanger, puis transvaser dans un flacon d'une contenance de 5 cl. Agiter vigoureusement.

Utilisation

Une goutte de produit de chaque côté sera amplement suffisante. Faire le traitement en soirée, laisser agir 10 minutes, puis ôter soigneusement l'éventuel surplus graisseux avec un linge très doux. Éviter de se mettre de l'huile dans les yeux: elle pique et n'est pas sans danger.

Huile « précieuse » de nuit

2 cuillers à café d'huile d'amande douce • 1 cuiller à café 1/2 d'huile de noyau d'abricot • 1 cuiller à café d'huile de noisette ou de pépins de raisin • 1 cuiller à café d'huile de graine de bourrache • 1 cuiller à café 1/2 d'huile d'olive • 1 cuiller à café d'huile de jojoba • 1 cuiller à café d'huile d'avocat • 1 cuiller à café d'huile de germe de blé • 5 gouttes d'huile d'onagre • 5 gouttes d'huile essentielle de carotte • 5 gouttes d'huile essentielle de palmarosa • 5 gouttes d'huile essentielle de rose ou de bois de rose • 5 gouttes d'huile essentielle de géranium • 5 gouttes d'huile essentielle d'ylang-ylang ou de jasmin

Verser les ingrédients dans un flacon et agiter vigoureusement. Si possible, laisser reposer quatre jours, afin que les différentes substances amplifient leurs effets par synergie. Conserver dans un endroit frais et à l'abri de la lumière. Ne pas conserver au réfrigérateur.

Utilisaton

À la fois très riche et très nourrissante, cette huile conviendra à tous les types d'épidermes. Les huiles essentielles qu'elle contient équilibreront et réguleront la sécrétion de sébum. Elles auront un effet adoucissant et antirides sur la peau. Avant d'appliquer quelques gouttes de ce produit, penser à humecter toujours le contour des yeux avec un peu d'eau.

La bouche et les dents

Trop de gens, surtout les jeunes, ne prennent pas assez soin de leurs dents. Comme ils n'ont aucun problème particulier, ils pensent qu'elles ne leur joueront jamais de mauvais tours. Alors ils croquent des noisettes, décapsulent des bouteilles (j'ai mal en écrivant cela!), s'en servent pour couper du fil à coudre, ou mangent des tas de sucreries entre les repas: autant de choses terribles pour les dents! Par pitié, abandonnez ce genre de mauvaises habitudes, brossez- vous les dents après chaque repas et utilisez régulièrement du fil dentaire! Les produits conseillés ici vous aideront à garder une dentition et des gencives en excellente santé, à commencer par cette poudre qui constitue la base d'une bonne hygiène bucco-dentaire.

Poudre dentaire

1/2 verre de sel fin • 1/2 verre de bicarbonate de soude • 8 gouttes d'huile essentielle de menthe • 5 gouttes d'huile essentielle de citron • 2 gouttes d'huile essentielle de myrrhe

Mélanger le sel fin et le bicarbonate de soude et, dans un récipient à part, les huiles essentielles. Incorporer celles-ci très lentement dans la poudre, goutte après goutte, en remuant constamment pour éviter la formation de grumeaux. Conserver dans plusieurs petits pots destinés à chaque membre de la famille.

Bain de bouche à la menthe et à la myrrhe

4 cuillers à soupe de vinaigre de cidre • 1 cuiller à soupe d'eau-de-vie • 1 cuiller à café de glycérine • 10 gouttes d'huile essentielle de menthe • 10 gouttes d'huile essentielle de citron • 5 gouttes d'huile essentielle de myrrhe

Verser les ingrédients dans un verre d'une contenance de 10 cl au moins. Laisser reposer pendant quatre jours, en remuant de temps en temps le mélange. Filtrer à l'aide d'une passoire, et conserver dans un flacon opaque.

Utilisation

Ce bain de bouche contenant de l'huile essentielle de myrrhe est capable de soigner d'éventuels aphtes, ulcérations buccales et autres problèmes de gencive. En outre, il donne bonne haleine!

Verser 1 cuiller à café dans un verre rempli d'un quart d'eau chaude. Se rincer soigneusement la bouche avec le produit, en évitant bien sûr d'en avaler.

Les lèvres

Une mince pellicule de peau recouvre les lèvres. Très fine, celle-ci a tendance à sécher très facilement sous l'effet du froid, de l'air ou des agressions extérieures. Il n'est pas nécessaire de rappeler à quel point des lèvres desséchées ou craquelées sont inesthétiques, et combien elles enlaidissent non seulement la bouche, mais aussi le visage. Pour garder des lèvres douces et lisses, il vous suffira d'appliquer régulièrement le baume ci-dessous. Si vous ne mettez pas de rouge à lèvres, ayez toujours dans votre poche ou dans votre sac à main un petit pot rempli de ce produit. Vous pouvez en faire usage quand cela vous chante, aussi souvent que vous le souhaitez.

À SAVOIR

Rafraîchir l'haleine

Si votre mauvaise haleine persiste en dépit d'une utilisation régulière du bain de bouche à la menthe et à la myrrhe, il serait judicieux de prendre le mal à la racine… À l'évidence, une visite chez un dentiste s'impose!

Si celui-ci ne détecte rien, c'est que votre problème est d'ordre digestif: mangez chaque jour un ou deux yaourts contenant de l'acidofidus ou du bifidus actif. Ces deux substances feront beaucoup de bien à votre estomac. Votre haleine s'en ressentira: elle deviendra moins chargée. Pour vous rafraîchir, faites aussi un bain de bouche express.

Bain de bouche express: dans un verre d'eau, verser 1 cuiller à soupe de vinaigre de cidre et ajouter 1 goutte d'huile essentielle de menthe poivrée ou d'huile essentielle de girofle.

CONSEILS

De l'hygiène dentaire

Pour prévenir la croissance des bactéries sur votre brosse à dents, plongez-la dans un verre d'eau dans lequel vous aurez ajouté 2 gouttes d'huile essentielle de tea-tree. Rincez soigneusement et gardez votre brosse dans un endroit sec et bien aéré.

À SAVOIR

Huile de jojoba

L'huile de jojoba possède des propriétés et des effets très proches de ceux du sébum, la substance hydratante naturellement sécrétée par certaines glandes du corps humain. Elle donne à la peau un aspect doux et soyeux. Vous l'utiliserez à des concentrations de l'ordre de 10 % dans vos crèmes, huiles de massages et autres préparations.

La cire d'abeille est un produit idéal pour préparer une pommade ou une crème.

Baume à lèvres « saveur coco citronné »

25 g de cire d'abeille • 4 cuillers à soupe d'huile de coco, de coprah (ou d'huile végétale solide quelconque) • 20 gouttes d'huile d'amande douce • 4 gélules de vitamine E (1 000 unités en tout) • 30 gouttes d'huile essentielle de citron • 1/2 verre de glycérine

Faire chauffer la cire d'abeille au bain-marie. Ajouter l'huile végétale solide et l'huile d'amande douce en évitant de porter à ébullition. Ouvrir les gélules de vitamine E et verser leur contenu dans la préparation. Incorporer ensuite très soigneusement l'huile essentielle de citron, puis la glycérine. Transvaser dans un pot avant que le baume ne se solidifie.

Le cou

Généralement, la peau du cou est plus sèche que celle du visage. C'est pourquoi elle est trop souvent négligée. Pourtant, faute de soins appropriés, elle peut prendre un aspect granuleux et parcheminé du plus mauvais effet. L'huile pour le cou indiquée ci-dessous est douce et nourrissante. Utilisée très régulièrement, elle contribuera à retarder l'apparition des rides, et atténuera celles que vous avez peut-être déjà.

Huile « soin du cou »

2 gélules de vitamine E (500 unités en tout) • 2 cuillers à café d'huile de jojoba • 1 cuiller à café d'huile d'avocat • 1 cuiller à café d'huile de germe de blé • 1/2 cuiller à café d'huile d'onagre • 5 gouttes d'huile essentielle de carotte • 5 gouttes d'huile essentielle de lavande • 5 gouttes d'huile essentielle de palmarosa • 5 gouttes d'huile essentielle de bois de rose

Ouvrir les gélules de vitamine E, verser leur contenu dans un flacon et ajouter les autres ingrédients dans un flacon. Agiter vigoureusement. Si possible, laisser reposer quatre jours, afin que les différentes substances amplifient leurs effets par synergie. Conserver dans un endroit frais (jamais au réfrigérateur!) et à l'abri de la lumière. Agiter avant l'emploi.

Utilisation

Humidifier le cou à l'aide d'un brumisateur ou en l'aspergeant d'eau froide. Verser ensuite quelques gouttes de produit dans le creux de la main et masser doucement le cou en remontant vers le menton. Répéter ce geste jusqu'à ce que l'huile soit complètement absorbée par la peau.

Les mains

De nombreuses femmes dépensent des sommes folles en produits cosmétiques de soin du visage et des cheveux, mais elles consacrent très peu d'argent au soin de leurs mains. Pourtant, celles-ci sont sollicitées toute la journée dans le travail, le jardinage, le bricolage ou toute autre activité. De plus, elles sont constamment au contact d'agents extérieurs qui se nomment rayons du soleil, liquides de vaisselle, produits ménagers, lessives, etc. En bref, les mains sont mises à rude épreuve et pourtant délaissées, alors qu'elles devraient au contraire profiter d'une attention de tous les instants!

Adoucissant des mains à la lavande et au citron

35 g de cire d'abeille • 4 cuillers à soupe d'huile d'amande douce • 1/2 verre d'huile d'olive • 2 cuillers à soupe de glycérine • 2 gouttes d'huile essentielle de citron • 2 gouttes d'huile essentielle de lavande

Faire chauffer doucement au bain-marie la cire d'abeille, l'huile d'amande douce et l'huile d'olive. Incorporer ensuite la glycérine, puis verser les huiles essentielles lorsque le mélange aura un peu refroidi. Remuer encore la crème avant de la transvaser dans un pot.

Utilisation

Cette crème est parfaitement adaptée aux soins des mains sèches, calleuses et très sollicitées par un travail manuel quelconque. N'oubliez pas d'en appliquer un peu avant de vous adonner aux joies du jardinage ou du bricolage! Si vous avez les mains très rêches, mettez un peu de crème le soir, quand vous regardez la télévision par exemple. Une bonne idée aussi: avant d'aller vous coucher, mettre une généreuse quantité de crème sur les mains, bien masser pour faire pénétrer, puis enfiler des gants en coton afin de ne pas tacher les draps.

Crème protectrice « senteur lavande »

1 cuiller à soupe d'eau minérale • 2 cuillers à soupe d'huile d'olive • 2 cuillers à café de kaolin • 10 gouttes d'huile essentielle de lavande

Mélanger soigneusement les ingrédients. Transvaser dans un pot ou dans un flacon en verre.

Utilisation

Avant toute tâche qui risque de mettre les mains à rude épreuve, appliquer une bonne couche de cette crème protectrice.

Crème de soin cicatrisante pour les mains

50 g de gel d'aloès • 1/2 cuiller à café de teinture de benjoin ou 5 gouttes d'huile essentielle de benjoin • 10 gouttes d'huile essentielle de santal • 10 gouttes d'huile essentielle de palmarosa (ou de lavande pour les hommes) • 10 gouttes d'huile essentielle de lavande

À SAVOIR

Les mains douces

Les soins à base d'huiles essentielles sont particulièrement bénéfiques aux mains. Ils agissent très rapidement. Riches et nourrissants, ils seront vite absorbés par la peau et ne laisseront aucune trace de graisse.

À SAVOIR

Kaolin

Son nom vient du chinois, la « colline levée », d'où l'on extrayait cette argile blanche friable. Le kaolin en poudre entre dans la composition des pâtes céramiques, des savons, des peintures et du papier. Il est utilisé comme base dans certains produits cosmétiques, notamment les masques destinés aux peaux grasses ou mixtes, car il a la vertu d'absorber les graisses de la peau.

À SAVOIR

Hamamélis

L'*Hamamélis virginiana* est souvent utilisé dans la préparation des tonifiants et des astringeants. Vendue en pharmacie, l'eau distillée d'hamamélis est astringeante, styptique et désinfectante. Elle réduit les inflammations cutanées et les ecchymoses, soulage la douleur des piqûres et combat les pellicules. En raison de son caractère astringeant, c'est le meilleur tonifiant pour les peaux grasses que je connaisse. En outre, c'est un excellent déodorant pour l'aine et les aisselles.

Verser le gel d'aloès dans un petit bol. Dans un récipient à part, mélanger la teinture et les huiles essentielles, puis ajouter goutte après goutte au gel d'aloès tout en remuant constamment. Quand la pâte est bien homogène, transvaser dans un pot avec une cuiller.

Utilisation

Si vous n'avez pas envie d'avoir les mains écorchées ou égratignées, cette crème de soin cicatrisante est pour vous! Attention, achetez du gel d'aloès, et non de la pommade à l'aloès. Vous trouverez ce produit dans les boutiques diététiques et en pharmacie. Assurez-vous qu'il est fortement dosé en aloès.

La combinaison de l'aloès et des huiles essentielles va favoriser et accélérer la cicatrisation des mains sèches, crevassées ou craquelées. Utiliser cette crème après s'être lavé les mains et avant de se coucher. Le lendemain, elles seront toutes douces!

Huile de soin des mains et des ongles

5 gélules de vitamine E (1 250 unités en tout) • 1 cuiller à soupe d'huile d'amande douce • 2 cuillers à café d'huile d'avocat • 2 cuillers à café d'huile d'olive • 1 cuiller à café d'huile de jojoba • 20 gouttes d'huile d'onagre • 5 gouttes d'huile essentielle de benjoin • 10 gouttes d'huile essentielle de santal • 10 gouttes d'huile essentielle de citron

Ouvrir les gélules de vitamine E et verser leur contenu dans un flacon d'une contenance de 60 ml. Ajouter les huiles et agiter vigoureusement. Si possible, laisser reposer quatre jours afin que les différentes substances amplifient leurs effets par synergie.

Utilisation

Verser 4 à 6 gouttes dans le creux des mains. Masser la peau et les ongles jusqu'à absorption complète du produit.

La peau des mains sécrète très peu de sébum, c'est pourquoi elle est particulièrement fragile. Mettez des gants lorsque vous faites du jardinage, du ménage ou du bricolage. Appliquez une crème riche le plus souvent possible, et toujours avant de vous coucher.

Soins capillaires

Le type de cheveu de chacun est, pour une large part, déterminé par l'hérédité génétique. Si vous avez des cheveux fins, gras, souples, épais, ou des problèmes de chute précoce, c'est à vos parents que vous le devez: regardez-les, vous trouverez tout de suite l'explication!

Shampooing et après-shampooing

Quand vous serez au milieu d'une foule de gens ou que vous prendrez les transports en commun, observez les chevelures de vos voisins. Vous vous apercevrez que les cheveux de la plupart d'entre eux sont on ne peut plus ordinaires: plus ou moins fins ou épais, plus ou moins ternes, plus ou moins secs ou gras… Bien qu'ils utilisent certainement les shampooings et les après-shampooings dont on ne cesse de vanter les mérites miraculeux à la télévision, seul un nombre infime d'entre eux a la chevelure gonflée et brillante des mannequins qui sourient béatement dans les publicités… Regardez maintenant de vieilles photos ou allez au musée voir des tableaux anciens. Nos ancêtres avaient-ils des cheveux en moins bon état que les nôtres? À mon avis non, et c'est même sûrement tout le contraire: vraisemblablement, leur chevelure était en meilleure santé et leurs cheveux étaient bien plus vigoureux! En fait, l'apparition dans le commerce des shampooings et des après-shampooings ne remonte pas à plus d'une quinzaine d'années. Quand j'étais enfant, je me lavais tout simplement les cheveux avec du savon et de l'eau de pluie. Ma mère ajoutait un filet de vinaigre au dernier rinçage. Quand je regarde des photographies de ma mère et moi, je m'aperçois que nous avions toutes les deux une belle chevelure d'un noir brillant. Et je vous garantis que cela ne devait absolument rien au shampooing du commerce!

Attention au matraquage publicitaire!

Comme nous sommes tous un peu naïfs et qu'on nous matraque à longueur de journée avec les vertus de telle ou telle substance révolutionnaire, on finit par croire qu'il faut utiliser une kyrielle de produits cosmétiques pour avoir une belle chevelure. Il est vrai, les industriels et les publicitaires savent nous caresser, si j'ose dire, « dans le sens du poil ». Ils nous promettent monts et merveilles: qu'ils soient gras ou secs, nos

À SAVOIR

Un étrange shampooing indien

J'ai passé beaucoup de temps en Inde. Je me suis aperçue que même les femmes et les hommes des milieux les plus défavorisés avaient des cheveux dans un état impeccable. C'est sûr, ils n'utilisaient jamais un quelconque shampooing! Cette énigme n'a cessé de me titiller jusqu'à ce que je parvienne à percer ce grand secret. Un jour, j'ai fait la connaissance d'une vieille bonne femme qui se lavait exclusivement les cheveux avec des lentilles cuites qu'elle écrasait en purée. Elle réussit à me convaincre de me faire « son » shampooing. Je dois avouer que le résultat fut étonnant: ma chevelure était bien plus belle et bien plus brillante qu'avant!

CONSEILS

Vigilance face aux « produits verts »

Quitte à enfoncer encore le clou, j'ai également dirigé une petite affaire de fabrication artisanale de produits de soins pour la peau et pour les cheveux. Je peux vous assurer qu'en utilisant exclusivement des produits naturels, c'est-à-dire des substances souvent chères, les marges bénéficiaires sont très réduites si l'on veut rester compétitif. De quoi convaincre les industriels d'utiliser plutôt des substances chimiques qui ne coûtent pratiquement rien… Il faudra donc faire preuve de vigilance quand vous lirez sur un flacon des mentions du type « shampooing aromatique » ou encore « shampooing naturel ». Lisez attentivement les dosages – s'ils sont indiqués ! Vous verrez que les herbes, les essences naturelles ou les extraits de plantes sont généralement présents en quantités infimes !

Les shampooings ou les après-shampooings que vous fabriquerez vous-même, avec des ingrédients naturels, seront infiniment supérieurs à tout ce que vous trouverez dans le commerce !

cheveux vont devenir souples, brillants et resplendissants de santé. Le miracle tant espéré se produira en moins d'une semaine en achetant telle marque de shampooing, telle lotion tonifiante et tel stimulant capillaire ! Malheureusement, en dépit ce que nous assènent les publicités à longueur de journée, j'ai rencontré très peu de personnes satisfaites de l'état de leur chevelure. Faites l'expérience vous-même et enquêtez dans votre entourage : vous verrez que la plupart des gens se plaignent d'avoir, les uns des fourches, les autres des cheveux, cassants, gras, secs, fins ou plats. Et j'en passe…

L'aromathérapie au secours du cheveu

En résumé, il faut savoir que les shampooings classiques ne sont pas des potions magiques. Ce sont essentiellement des mélanges de détergents, de cires et d'autres substances qui confèrent une brillance, une souplesse et une vitalité seulement apparentes aux cheveux. Croyez-moi ou non, mais on trouve maintenant sur les marchés des compléments de soins capillaires destinés à éliminer les résidus de shampooings ou après-shampooings dont l'accumulation peut à long terme se révéler nocive pour la chevelure… C'est comme si l'on nous vendait un poison pour nous proposer ensuite son antidote ! Si vous voulez mon avis, on nage ici dans l'absurdité la plus complète !

Je vous l'affirme tout net : les shampooings ou les après-shampooings que vous fabriquerez vous-même, avec des ingrédients naturels, seront infiniment supérieurs à tout ce que vous trouverez dans le commerce ! En plus, vous ne paierez ni les frais d'emballage ou de conditionnement, ni indirectement la publicité dont on vous rebat les oreilles… Sachez que le contenu des shampooings industriels revient à quelques centimes d'euro à peine aux fabricants : je suis bien placée pour le dire, puisque j'ai longtemps travaillé pour une société multinationale de produits cosmétiques ! En fait, quand vous achetez ce genre de produit, vous engraissez non seulement l'entreprise, mais aussi les intermédiaires, les grossistes, les détaillants, etc.

Le cheveu, indicateur de santé

Rappelez-vous toujours que vos cheveux, ainsi que vos ongles, sont autant de « baromètres » de votre état de santé. Ils indiquent un éventuel problème dans l'organisme et donnent l'alerte : les cheveux deviennent fins, cassants, secs ou ternes ; les

ongles se fragilisent, se cassent, se dédoublent ou présentent des taches blanches. Tout l'effort et tout l'argent que vous aurez pu dépenser pour avoir une belle chevelure sera gaspillé et réduit à néant si vous n'avez pas une bonne hygiène alimentaire, si vous êtes trop stressé, ou si vous manquez de sommeil.
Pour terminer, comme je l'ai déjà dit, de votre hérédité dépend l'apparence de vos cheveux. Soyez humble: faites du mieux que vous pouvez avec ce que la nature et vos parents vous ont légué. N'espérez plus obtenir l'impossible en achetant des shampooings et des produits capillaires hors de prix!

Cheveux fins

Leurs principaux défauts: ils manquent de tenue et ne donnent pas beaucoup de volume à la chevelure. Cependant, traités avec des pré-shampooings et des après-shampooings naturels, ils auront plus de vigueur et de force. Ils paraîtront plus épais et seront plus faciles à coiffer.
Les cheveux fins réclament des soins très légers et très doux. Utilisez une brosse à poils souples arrondis. Ne les exposez pas trop au vent ni aux rayons du soleil. Évitez les colorations trop appuyées, les décolorations ou les permanentes qui risquent de les fragiliser et de les rendre cassants. Enfin, limitez l'usage trop fréquent de bigoudis, de bandeaux, de serre-tête et de barrettes, c'est-à-dire de tout ce qui comprime, serre et gêne la délicate complexion de votre chevelure.

Cheveux clairsemés

C'est un problème que connaissent souvent les personnes ayant des cheveux fins (voir les suggestions ci-dessus). Soignez votre chevelure avec beaucoup de douceur, n'utilisez jamais de shampooings agressifs, et évitez les colorations ou les permanentes. Coiffez-vous en évitant les gestes trop brusques et utilisez une brosse à poils souples arrondis. Pour leur donner un peu plus de vigueur et de santé, utilisez des pré-shampooings et des après-shampooings aux protéines, par exemple à base d'œufs ou de lait.

Cheveux épais

Quelle chance vous avez! Vos cheveux épais, débordant de vitalité et de force, résisteront même aux mauvais traitements sans se casser ni fourcher! Si ce type de cheveu n'exige aucun soin particulier, veillez quand même à les garder aussi longtemps que possible dans une aussi belle santé. Vous les voulez

À SAVOIR

La carence en fer
Si vous êtes enceinte ou tout juste maman, les besoins nutritionnels de votre organisme sont plus importants qu'à l'accoutumée. Une éventuelle carence en fer, en se combinant au stress lié à la nouveauté de votre situation, peut déboucher sur une chute de cheveux. Des règles très abondantes risquent elles aussi d'occasionner une carence en fer, et d'avoir le même effet sur la chevelure. Une analyse de sang est vivement conseillée dans tous les cas. L'hypothyroïdie et l'hyperthyroïdie, enfin, engendrent une très importante perte de cheveux. Là encore, une analyse de sang est indispensable.

CONSEILS

Attention aux colorants!
Les colorants que l'on trouve dans le commerce contiennent des substances chimiques, qui peuvent se révéler difficiles à supporter sinon dangereuses chez certaines personnes. Des études fiables ont démontré que l'utilisation continue de tels produits sur une longue période pouvait avoir des effets nocifs sur la santé.

À SAVOIR

Alopécie

Cette forme temporaire de calvitie se déclenche à la suite d'une maladie, d'une insuffisance de la glande thyroïde ou hypophyse, d'un dysfonctionnement des ovaires ou d'un stress. La chute de cheveux est généralement progressive, mais elle peut devenir brutale et importante si le sujet est sous le coup d'un traumatisme d'ordre émotionnel. Les huiles essentielles peuvent enrayer l'alopécie, mais il faudra tout de même consulter un médecin pour connaître l'origine du problème. Le massage du cuir chevelu s'avérera très utile dans ce cas, car il stimulera la circulation sanguine et la croissance des follicules capillaires. Pour effectuer ce traitement, utiliser la lotion au vinaigre de cidre (voir encadré p. 59).

Dans un shampooing, l'essence de lemon-grass donnera beaucoup de brillance à votre chevelure.

plus brillants encore? Utilisez dans ce cas un après-shampooing ou une lotion démêlante qui les rendra plus faciles à coiffer.

Cheveux gras

L'hypersécrétion des glandes sébacées est la grande responsable des cheveux gras. Résistez à la tentation, même si elle est grande, de faire un shampooing tous les jours: vous ne feriez qu'aggraver le problème, car vos glandes augmenteraient encore leur activité pour restaurer l'équilibre de votre chevelure.

Pour dégraisser vos cheveux entre deux lavages, le shampooing à sec me paraît être le meilleur compromis. Par ailleurs, évitez les coups de brosse trop énergiques et les séances de coiffure qui s'éternisent. Une vingtaine ou une trentaine de coups de brosse seront amplement suffisants pour répartir les graisses le long de la gaine épithéliale. Ne lavez ni ne rincez vos cheveux à l'eau trop chaude, car la chaleur stimulerait la production de sécrétions sébacées. Faites plutôt un rinçage au vinaigre: cela rendra votre chevelure à la fois plus brillante et plus facile à coiffer.

Cheveux secs

Ils sont ternes. Comme si cela ne suffisait pas, ils ont une fâcheuse propension à fourcher et à casser, si bien qu'ils sont difficiles à coiffer. Tous les types de cheveux (sauf les cheveux gras) peuvent devenir secs en certaines circonstances: un problème de santé passager, un shampooing trop agressif, un défaut de lavage après un bain de mer, une exposition intense et prolongée au soleil, ou encore après l'utilisation un peu intensive d'une brosse, d'un fer à friser ou d'une laque.

Pour soigner des cheveux secs, il vous faudra d'abord déterminer l'origine du problème. Ensuite, vous pourrez essayer les traitements décrits plus loin pour améliorer leur allure.

Cheveux gris

La fameuse couleur « poivre et sel » passe pour donner une certaine élégance à l'homme mûr. Elle n'a pas l'heur de plaire à la plupart des femmes, qui se ruinent en colorations pour effacer leurs cheveux blancs avant de baisser un beau jour les bras...

Les cheveux gris sont liés à une baisse naturelle de la production de mélanine. Celle-ci est inéluctable en vieillissant, mais elle intervient à un âge plus ou moins avancé, encore une fois selon l'hérédité de chacun. Si votre père ou votre mère ont commencé très tôt à grisonner, il y a fort à parier que la même chose vous arrivera aussi, à peu près au même âge.

B.A.-BA pour une chevelure saine

Si vous ne pouvez vraiment pas vous passer des shampooings du commerce, allez de préférence dans un magasin diététique et choisissez le produit qui vous paraît le plus naturel. Pour l'améliorer et le rendre plus efficace, il vous suffira ensuite de lui ajouter des huiles essentielles en vous aidant du tableau figurant plus loin.

Vos cheveux ont seulement besoin d'être lavés une fois par semaine, sauf bien sûr si vous avez ramoné votre cheminée ou réalisé une tâche vraiment salissante! Si vous les lavez trop souvent, vos cheveux secs deviendront encore plus secs et vos cheveux gras toujours plus gras! En outre, en effectuant deux shampooings par semaine, vous risquez d'avoir plus de difficultés à vous coiffer. Une chevelure propre, en dépit de ce que l'on entend parfois dire, ne doit pas « crisser ». Si c'est le cas, cela signifie que la graisse naturelle présente sur la gaine épithéliale a été complètement éliminée. C'est très mauvais: en effet, c'est à elle que les cheveux doivent leur brillant.

Quelques conseils pour se coiffer

• Ne lésinez pas sur le prix de la brosse. Achetez le top du top, c'est-à-dire une brosse en poils naturels. Tapotez-la sur la paume de votre main pour vous assurer que les poils sont raisonnablement souples et que leur extrémité est arrondie. N'oubliez pas de la nettoyer délicatement au moins une fois par semaine: elle durera plus longtemps.

• Pour vous coiffer, une trentaine ou une quarantaine de coups de brosse suffisent. Inclinez la tête et allez depuis le sommet du crâne jusqu'aux extrémités des mèches afin de répartir uniformément les sécrétions sébacées. Le fait de pencher la tête augmente l'afflux de sang dans le cuir chevelu, une excellente chose pour les follicules capillaires.

• Utilisez un peigne aux dents raisonnablement écartées. Si elles sont trop fines et trop proches les unes des autres, vous risquez de favoriser la chute des cheveux et de les arracher.

• Évitez les chignons et, de manière générale, les coiffures qui imposent de tirer et de plaquer vos cheveux. Vous risquez de développer à la longue ce que l'on appelle une alopécie, ou chute temporaire des cheveux. Tout cela à cause d'une coiffure inadaptée!

À SAVOIR

Masser le cuir chevelu

Pratiqués régulièrement, des massages doux stimuleront la circulation sanguine dans le cuir chevelu. Croyez-moi, l'état de santé de votre chevelure s'en ressentira. Appuyez vos doigts et vos pouces sur votre crâne et massez-vous la tête à l'aide de la pulpe des doigts, et bien sûr jamais avec les ongles. Vous devez sentir votre peau remuer et voir vos sourcils bouger. Ne frottez pas, vous vous arracheriez des cheveux: le remède serait alors pire que le mal!

Si vous voulez avoir des cheveux vigoureux et en parfaite santé, vous utiliserez seulement de l'eau tiède avec le shampooing… et vous les rincerez à l'eau froide, en ajoutant un peu de vinaigre au dernier rinçage.

À SAVOIR

Chute de cheveux

Mille et une chose peuvent expliquer une chute de cheveux plus rapide et plus importante que la normale. À moins qu'elle ne soit d'origine génétique, certains traitements peuvent être en cause, notamment si vous prenez plus de deux comprimés d'aspirine par jour, une pilule contraceptive inadaptée, de la cortisone, des anticoagulants, ou si vous êtes en chimiothérapie. Elle peut également provenir de traumatismes majeurs : accident, perte soudaine d'un proche, divorce, longue maladie, grave dysfonctionnement du foi lié à un alcoolisme de longue date, etc. Si vous parvenez à trouver la cause de la chute de vos cheveux et à contrôler votre stress, alors vous pourrez enrayer un processus qui est loin d'être inéluctable. En effet, les follicules se remettront à fonctionner normalement. Ils recommenceront à produire des cheveux au bout de quelques semaines.

N'agressez pas vos cheveux

• L'utilisation excessive de produits colorants ou d'un fer à friser fragilise les cheveux et les rend cassants. Si vous avez ce problème alors que vous ne les teignez pas ni n'utilisez ce genre d'appareil, votre régime alimentaire est probablement à revoir.

• L'eau chlorée et l'eau salée sont toutes deux très mauvaises pour votre chevelure. Après avoir pris un bain dans une piscine ou dans la mer, rincez-vous immédiatement les cheveux. Lavez-les dès que possible en utilisant un pré-shampooing et un après-shampooing.

• Ne faites aucun traitement un tant soit peu agressif sur vos cheveux tant qu'ils sont encore humides. Par exemple, ne passez ni brosse, ni peigne : vous risqueriez de les abîmer car ils sont alors très élastiques. Après le shampooing, essuyez-les doucement en passant une serviette. Puis démêlez-les grossièrement en utilisant seulement les doigts.

L'aide précieuse des huiles essentielles

Vous trouverez dans les pages suivantes une kyrielle de produits de soins capillaires qui tonifieront et donneront un peu plus d'éclat à votre chevelure. Les huiles essentielles permettront de réparer certains dégâts occasionnés par des substances chimiques et d'améliorer l'état de santé des cheveux colorés, oxygénés ou desséchés. Vous pourrez en mettre aussi bien dans des shampooings, des eaux de rinçage, que dans des lotions tonifiantes. Attention, ne dépassez jamais une concentration d'1 % (20 gouttes pour 10 cl de liquide). Si le produit est destiné à un enfant âgé de 5 à 12 ans, divisez la proportion d'huiles essentielles par deux. N'en ajoutez que 2 gouttes pour 10 cl de liquide si votre enfant a entre 2 et 5 ans.

Les huiles essentielles pour les soins capillaires

Problèmes	Huiles essentielles et végétales
Alopécie	Bay St Thomas, carotte, lavande, romarin, sauge sclarée, thym et huile d'onagre.
Cheveux cassants	Camomille, lavande, santal et sauge sclarée.
Cheveux fourchus	Bois de rose et santal.
Cheveux gras	Bay St Thomas, citron, cyprès, lavande, romarin et sauge sclarée.
Chevaux normaux	Citron, géranium, lavande et romarin.
Cheveux secs	Géranium, lavande, romarin, santal et ylang-ylang.
Chute de cheveux	Citron, cèdre, genièvre et romarin.
Pellicules	Bay St Thomas, bergamote, cèdre, lavande, romarin, santal et sauge sclarée.
Soins généraux des cheveux	Cèdre, géranium, lavande, romarin, sauge sclarée et ylang-ylang.
Tonifiant du cuir chevelu	Bay St Thomas, cèdre, camomille, citron, romarin, sauge sclarée, tea-tree et ylang-ylang.

À SAVOIR

Les huiles pour les cheveux

- L'huile essentielle de romarin stimule la pousse de cheveux et donne du tonus à la chevelure. Si vous avez des pellicules ou des cheveux gras, ajoutez-en un peu à vos shampooings, à vos après-shampooings et à vos lotions tonifiantes.
- L'huile essentielle de sauge sclarée a la réputation de combattre les pellicules et la chute des cheveux.
- L'huile essentielle de bay St Thomas redonnera une belle allure aux cheveux fins et gras.

Lotions avant-shampooing

Vous avez les cheveux secs naturellement? Ils se sont desséchés à la suite d'une utilisation excessive de shampooings, de produits colorants ou décolorants, d'une trop longue exposition au soleil ou d'une quelconque maladie? Dans tous les cas, le fait d'utiliser une lotion avant-shampooing fera beaucoup de bien à vos cheveux et à votre cuir chevelu.

Lotion aux huiles chaudes

2 cuillers à soupe d'huile de ricin • 1 cuiller à soupe d'huile d'olive • 10 gouttes d'huile essentielle de lavande • 5 gouttes d'huile essentielle de sauge sclarée • 5 gouttes d'huile essentielle de santal

À SAVOIR

Lotion antipelliculaire

1 verre d'eau distillée • 1 cuiller à café de borax • 2 cuillers à café d'huile de noisette (facultatif) • 2 cuillers à soupe de vinaigre de cidre • 20 gouttes d'huile essentielle de lavande • 20 gouttes d'huile essentielle de tea-tree

Chauffer l'eau, faire dissoudre le borax et laisser refroidir. Ajouter ensuite les autres ingrédients, puis verser dans un flacon. Agiter avant l'emploi.

Traitement

Cette excellent tonifiant capillaire va s'attaquer à la fois à l'infection fongique et à l'excès de sébum. Faites-vous une belle raie au milieu à l'aide d'un peigne, puis appliquez le produit avec un bout de coton. Assurez-vous que l'ensemble de votre cuir chevelu a été traité. Massez doucement la tête, puis allez vous coucher.

Mélanger les ingrédients dans une petite casserole. Faire tiédir au bain-marie jusqu'à atteindre la température du corps.

Utilisation

À l'aide de ce produit, masser les cheveux et le cuir chevelu. Couvrir ensuite la tête avec un linge très chaud et humide, puis coiffer un bonnet de bain. Recommencer cette opération deux ou trois fois avec une nouvelle serviette bien chaude. Au moins 1 heure après, faire un shampooing à base d'herbes aromatiques. Les doses indiquées seront doublées en cas de cheveux longs ou épais.

Lotion aux œufs et au miel pour cheveux secs ou abîmés

1 jaune d'œuf battu • 2 cuillers à café d'huile de ricin • 1 cuiller à café de miel liquide • lait en poudre • 2 gouttes d'huile essentielle de santal • 2 gouttes d'huile essentielle de sauge sclarée

Dans un bol, mélanger le jaune d'œuf battu, l'huile de ricin et le miel, puis ajouter suffisamment de lait en poudre pour obtenir une pâte très onctueuse. Incorporer ensuite soigneusement les huiles essentielles.

Utilisation

Étaler le produit sur les cheveux et le cuir chevelu. Couvrir la tête d'une serviette très chaude et coiffer un bonnet de bain par-dessus.

Si vous détestez ce genre d'accessoire, vous pouvez utiliser simplement une serviette trempée dans de l'eau très chaude et parfaitement essorée. Laisser le produit agir 20 minutes. Faire ensuite un shampooing léger à base d'herbes aromatiques.

Shampooings et eaux de rinçage

Même si ce genre d'information n'est pas franchement rassurant, il faut le savoir: les shampooings du commerce possèdent grosso modo la même formule chimique que les nettoyants pour moquette! L'un de ces ingrédients communs est un agent moussant. On nous a longtemps martelé que, plus un shampooing fait de mousse, plus il est efficace… En réalité, la mousse n'a rien à voir avec la capacité détergente d'un produit: elle donne seulement l'impression de propreté, mais il est vrai qu'elle est bien agréable à voir…

En revanche, les détergents présents dans les shampooings classiques ont un rôle autrement plus efficace… Le hic, c'est qu'ils éliminent non seulement les saletés, mais aussi l'huile naturellement sécrétée par le cuir chevelu. C'est pourquoi les industriels ajoutent de la cire dans leurs produits, qui va permettre de lubrifier la gaine épithéliale du cheveu.

Recette naturelle

La base de shampooing dont je vous donne ici la recette vous permettra de préparer un produit aromatique entièrement naturel. Il vous rappellera peut-être celui qu'utilisaient vos grands-parents, c'est-à-dire avant la venue des détergents. Ce shampooing à base de savon préservera les graisses naturelles présentes sur votre cuir chevelu. Comme il est alcalin, vous n'aurez même plus besoin d'utiliser une lotion spéciale de rinçage. Dans les premiers temps, ce produit naturel va vous changer des shampooings du commerce qui n'en finissent pas de mousser! C'est le moins que l'on puisse dire! Persévérez, même s'il vous déroute au début: vos cheveux et aussi votre portefeuille vous en sauront gré!
Après environ trois semaines (il faudra tout ce temps pour vous déshabituer des produits chimiques que vous avez utilisés pendant des années!), vous commencerez à voir la différence et à apprécier combien il est bénéfique à votre chevelure.

Base pour shampooing aromatique

80 à 100 g de savon de Marseille en paillettes • 1 l d'eau de pluie ou d'eau minérale • 2 cuillers à café de borax • 20 gouttes d'huiles essentielles appropriées à votre cas

Dans de l'eau chaude, verser les paillettes de savon et le borax en agitant constamment. Mettre au bain-marie si nécessaire. Ajouter au total 20 gouttes d'une ou plusieurs huiles essentielles appropriées à votre cas (voir tableau p. 55). Si le shampooing est destiné à un enfant, versez 10 gouttes d'huiles essentielles (enfant âgé de 5 à 12 ans) ou seulement 5 gouttes (enfants de 2 à 5 ans). Remuer encore afin que le mélange soit parfaitement homogène. Des grumeaux vont se former quand le shampooing refroidira. Cela n'a aucune importance: il suffira d'agiter le produit pour les faire disparaître.

Lotion de rinçage

2 verres de vinaigre de cidre • 2 cuillers à soupe d'huiles essentielles appropriées à votre cas (voir tableau p. 55)

Mélanger les ingrédients dans un flacon de 50 cl. Laisser reposer quatre jours, afin que les substances amplifient leurs effets par synergie.

À SAVOIR

Savon liquide

Vous trouverez du savon liquide de bonne qualité dans certains magasins diététiques, ainsi qu'en pharmacie.
Ce type de produit est pratique, car il est généralement commercialisé dans des flacons munis de bouton-poussoir et de bec verseur. Pour transformer ce savon liquide en produit capable de traiter les problèmes capillaires les plus divers, il vous suffira tout simplement d'y ajouter des huiles essentielles.
Éventuellement, si sa consistance vous paraît visqueuse, diluez-le avec un peu d'eau minérale.

À SAVOIR

Shampooing aromatique express

Vous n'avez ni le temps, ni à vrai dire l'envie, de fabriquer vous-même votre shampooing ? Rien de grave, il vous suffit d'acheter un shampooing doux classique dans le commerce. Ajoutez 50 gouttes d'une ou de plusieurs huiles essentielles selon votre problème capillaire (voir tableau p. 55) pour 25 cl de shampooing, puis agitez vigoureusement. Si le produit est destiné à un enfant, versez 10 gouttes d'huiles essentielles (enfant âgé de 5 à 12 ans) ou seulement 5 gouttes (enfants de 2 à 5 ans).

Utilisation

Verser 1/2 verre de produit par litre d'eau chaude. Rincer les cheveux en utilisant une bassine afin de recueillir la lotion qui s'égoutte de votre tête. Renouveler l'opération aussi longtemps que vous voulez.

Après-shampooings

Normalement, après avoir utilisé un shampooing naturel et une lotion de rinçage à base de vinaigre de cidre, vous n'aurez plus besoin d'utiliser d'après-shampooing. Pourtant, si vous avez les cheveux très fins, plats et sans vigueur, ou si votre chevelure a été maltraitée par des permanentes, des colorations ou autres traitements, ils auront besoin d'un petit « coup de pouce revitalisant ». C'est pourquoi je vous recommande ces après-shampooings.

Après shampooing au romarin pour tous types de cheveux (sauf cheveux gras)

1 jaune d'œuf battu • 1 cuiller à café de glycérine • 2 gouttes d'huile de ricin • 2 gouttes d'huile essentielle de romarin • 2 gouttes d'huile essentielle de lavande • lait en poudre

Mélanger les ingrédients, puis ajouter le lait en poudre jusqu'à l'obtention d'une crème onctueuse.

Utilisation

À l'aide de ce produit, masser doucement les cheveux et le cuir chevelu. Laisser agir au moins 10 minutes, puis rincer doucement à l'eau tiède. Appliquer ensuite la lotion de rinçage au vinaigre de cidre.

Après-shampooing au citron spécial cheuveux gras

2 cuillers à soupe d'eau-de-vie • 1 cuiller à café de miel liquide • 1 œuf battu • 2 gouttes d'huile essentielle de lemon-grass • 2 gouttes d'huile essentielle de romarin • lait en poudre

Mélanger les ingrédients, puis ajouter le lait en poudre jusqu'à l'obtention d'une crème onctueuse.

Utilisation

À l'aide de ce produit, masser doucement les cheveux et le cuir chevelu. Laisser agir au moins 10 minutes, puis rincer doucement à l'eau tiède.

Lotion coiffante

2 cuillers à café d'huile essentielle de lavande • 2 cuillers à café d'huile essentielle de romarin • 1/2 cuiller à café d'huile essentielle de géranium • 1/2 cuiller à café d'huile de jojoba (pour cheveux secs et abîmés seulement) ou 1/2 cuiller à café d'huile essentielle de genièvre (pour les autres types de cheveux)

Mélanger les ingrédients dans un flacon muni d'un bec verseur. Bien agiter.

Utilisation

Utilisée entre deux shampooings, cette lotion vous permettra de garder une chevelure brillante, souple et en bonne santé. Ses huiles essentielles non grasses seront absorbées, c'est pourquoi elle convient à tous les types de cheveux.

Versez quelques gouttes de produit dans le creux des mains, frottez-les l'une contre l'autre, puis passez-vous les mains sur la tête. Vous pouvez faire ce traitement aussi souvent que vous le souhaitez.

À SAVOIR

Lotion au vinaigre de cidre

10 cl de vinaigre de cidre • 50 gouttes d'huiles essentielles de votre choix

Mélanger les ingrédients dans un flacon. Laisser reposer quatre jours, afin que les différentes substances amplifient leurs effets par synergie.

Traitement

Mélanger 1 cuiller à café de lotion dans 1 cuiller à soupe d'eau chaude et masser le cuir chevelu avec ce produit pendant quelques minutes.

Les bains

Rares sont les personnes qui n'aiment pas prendre de bain. Généralement, on reste environ un quart d'heure dans la baignoire, et souvent plus de temps encore pour bien « décompresser ». Chacun a fait l'expérience de l'effet reposant et propice au sommeil d'un bain lorsqu'on le prend le soir ou avant d'aller se coucher.

À SAVOIR

Éliminez vos peaux mortes!

On l'oublie trop souvent: la peau est capable d'éliminer le tiers des déchets et des toxines produits par le corps humain. Si elle fonctionne dans des conditions optimales, les fonctions du foie, des reins et des poumons se trouvent ainsi largement soulagées. Pour fonctionner le plus efficacement possible, la peau doit toujours être propre et débarrassée des cellules mortes qui pourraient obstruer ses pores. C'est pourquoi il est excellent pour la santé de se frotter la peau à sec chaque matin à l'aide d'une brosse, afin d'éliminer justement ces peaux mortes.

Les effets relaxants

L'une des raisons pour lesquelles les bains sont tellement relaxants tient au fait que l'eau élimine les ions positifs à l'origine du stress et de la fatigue. Même si vous restez seulement quelques minutes dans votre baignoire, ce sera, si j'ose dire, toujours cela de pris, et bien meilleur qu'une simple douche. Quant à ceux qui rechignent sous prétexte de refuser de « stagner dans leurs propres saletés », dois-je leur rappeler qu'un bain doit être toujours suivi d'une douche?

Un bain parfumé

Tranquillité, chaleur et quiétude sont quelques-unes des sensations ressenties au moment du bain. Le parfum des huiles essentielles présentes dans vos huiles de bain, sans oublier une bouillotte remplie d'eau chaude pour vous reposer la tête, compléteront ce tableau idyllique. À votre convenance, vous pouvez ajouter des accessoires qui rendront votre salle de bains encore plus accueillante: bougies, encens, musique, livres ou magazines, verre de jus de fruit, serviettes épaisses et moelleuses pour vous sécher... Et n'oubliez pas d'afficher la pancarte « Ne pas déranger » sur la porte de la salle de bains!

Huiles thérapeutiques pour le bain

Préparer un bain aromatique est bête comme chou. Faites d'abord couler de l'eau tiède et fermez bien la porte de la salle de bains. Quand la baignoire est suffisamment pleine, mélangez 5 à 10 gouttes de l'huile de bain choisie dans 1 cuiller à soupe de crème fraîche ou d'huile végétale quelconque (ces substances favoriseront la dilution). Versez ce produit dans la baignoire juste avant, ou juste après être entré dans l'eau. Agitez pour bien disperser. Attention, si vous n'ajoutez pas les huiles essentielles au tout dernier moment, une partie plus ou moins importante de leurs précieuses substances actives s'évaporera dans l'air sans vous prodiguer leurs bienfaits !

Huile de bain « antibactérienne »

3 gouttes d'huile essentielle de tea-tree • 3 gouttes d'huile essentielle d'eucalyptus • 2 gouttes d'huile essentielle de thym • 1 goutte d'huile essentielle de citron • 1 goutte d'huile essentielle de girofle

Huile de bain « antivirale »

3 gouttes d'huile essentielle de tea-tree ou de manuka • 3 gouttes d'huile essentielle d'eucalyptus • 3 gouttes d'huile essentielle de lavande •1 goutte d'huile essentielle de thym

Huile de bain « déodorante »

4 gouttes d'huile essentielle de sauge sclarée • 2 gouttes d'huile essentielle d'eucalyptus • 2 gouttes d'huile essentielle de patchouli • 2 gouttes d'huile essentielle de menthe poivrée

Huile de bain spéciale « peau sèche »

4 gouttes d'huile essentielle de camomille • 4 gouttes d'huile essentielle de palmarosa • 2 gouttes d'huile essentielle de patchouli

Huile de bain spécial « peau grasse »

5 gouttes d'huile essentielle de citron • 3 gouttes d'huile essentielle d'ylang-ylang

Huile de bain « soins des éruptions cutanées »

2 gouttes d'huile essentielle d'eucalyptus • 2 gouttes d'huile essentielle de thym • 4 gouttes d'huile essentielle de lavande • 2 gouttes d'huile essentielle de camomille

Huile de bain « idées claires »

2 gouttes d'huile essentielle de menthe poivrée • 2 gouttes d'huile essentielle de citron • 1 goutte d'huile essentielle de thym • 2 gouttes d'huile essentielle de romarin • 3 gouttes d'huile essentielle de lavande

Huile de bain « hydratante »

2 gouttes d'huile essentielle de camomille • 2 gouttes d'huile essentielle de lavande • 2 gouttes d'huile essentielle de carotte • 2 gouttes d'huile essentielle de géranium • 2 gouttes d'huile essentielle de rose (facultatif)

À SAVOIR

Huile de bain « soulagement du dos »

1 cuiller à café d'huile d'amande douce • 4 gouttes d'huile essentielle de lavande • 2 gouttes d'huile essentielle d'eucalyptus ou de cyprès • 2 gouttes d'huile essentielle de menthe poivrée • 4 gouttes d'huile essentielle de muscade ou de gingembre

Verser tous les ingrédients dans un petit flacon et agiter vigoureusement.

Traitement

Verser le mélange dans un bain tiède ou chaud, puis entrer dans l'eau en poussant un grand soupir de soulagement. Masser les muscles et le dos endolori avec les gouttelettes en suspension pour bien faire pénétrer les substances actives dans la peau.

Ne jamais donner de bain chaud à une personne souffrant d'hypertension ou d'un problème cardiaque quelconque.

À SAVOIR

Glycérine

Cette substance naturelle est présente dans les graisses animales et végétales. Elle intervient habituellement dans la fabrication des savons. De consistance épaisse et visqueuse, elle est translucide, inodore et de saveur légèrement sucrée. Présente en petites quantités dans une lotion, dans une crème ou un tonifiant, elle jouera un rôle antibactérien tout en ayant sur la peau un effet adoucissant, lubrifiant et hydratant. Attention, si vous mettez plus de 20 % de glycérine dans un produit, vous obtiendrez le résultat exactement inverse : elle asséchera votre épiderme ! Pour Monsieur, on ajoutera un peu de ce tri-alcool dans l'après-rasage : il calmera encore mieux les feux du rasoir.

Les huiles essentielles de menthe et de lavande présentent beaucoup d'affinités. Si vous les mélangez, leurs propriétés s'amplifieront par synergie.

Huile de bain « Ahhh ! »

1 goutte d'huile essentielle de lavande • 2 gouttes d'huile essentielle de pamplemousse • 2 gouttes d'huile essentielle de géranium • 2 gouttes d'huile essentielle d'ylang-ylang • 2 gouttes d'huile essentielle de patchouli

Huile de bain « régénérante »

4 gouttes d'huile essentielle de lavande • 3 gouttes d'huile essentielle de romarin • 2 gouttes d'huile essentielle de menthe poivrée

Huile de bain « relaxante »

4 gouttes d'huile essentielle de camomille • 3 gouttes d'huile essentielle de lavande • 2 gouttes d'huile essentielle d'ylang-ylang

Huile de bain « bonheur »

2 gouttes d'huile essentielle de bergamote • 3 gouttes d'huile essentielle d'orange • 3 gouttes d'huile essentielle de citron • 1 goutte d'huile essentielle de menthe poivrée • 1 goutte d'huile essentielle de cannelle

Huile de bain « soin des coups de soleil »

8 à 10 gouttes d'huile essentielle de lavande

Huiles glycérinées pour le bain

Qu'elles soient destinées à vous relaxer ou à traiter de petits problèmes de peau, il suffit de verser un peu de ces huiles dans votre bain tiède. Détendez-vous et profitez de leurs parfums suaves ! À noter qu'en raison de la présence de glycérine, ces produits de bain se dissoudront imparfaitement dans l'eau. Mais le nettoyage de la baignoire ne devrait pas vous réclamer beaucoup de temps…

Base pour huile glycérinée pour le bain

1/2 verre de vodka, d'eau-de-vie, ou de vinaigre de cidre • 2 cuillers à soupe de shampooing de bonne qualité • 3 cuillers à café de glycérine • 3 cuillers à café d'huiles essentielles (voir les huiles proposées ci-dessous)

Mélanger les ingrédients dans un flacon. Le retourner plusieurs fois pour bien mélanger. Laisser reposer pendant quatre jours, afin que les différentes substances amplifient leurs effets par synergie.

Utilisation

Même si la vodka est relativement onéreuse, il faut savoir que cette préparation vous permettra de prendre environ

40 bains aromatiques, ce qui la rend extrêmement abordable. Mon choix personnel, c'est-à-dire le vinaigre de cidre, ajoute son arôme si particulier à celui des huiles essentielles. Il offre les mêmes vertus thérapeutiques que l'alcool, et il est bien meilleur marché. À vous de voir donc...

Quel que soit votre choix parmi les mélanges d'huiles essentielles ci-dessous, faites couler le bain et ajoutez 1/2 cuiller à café de produit. Agitez la surface de l'eau pour bien disperser les substances actives. Enfin, entrez dans la baignoire en soupirant d'aise!

Mélange « spécial enfants »

1/2 cuiller à café d'huile essentielle de camomille • 1/2 cuiller à café d'huile essentielle de lavande • 1/2 cuiller à café d'huile essentielle de mandarine

Mélange « spécial peau sèche »

1 cuiller à café d'huile essentielle de lavande • 1 cuiller à café d'huile essentielle de rose ou de bois de rose • 1 cuiller à café d'huile essentielle de palmarosa

Mélange « spécial peau normale »

1 cuiller à café d'huile essentielle de géranium • 1 cuiller à café d'huile essentielle de bois de rose • 1 cuiller à café d'huile essentielle d'ylang-ylang

Mélange « spécial peau grasse »

1/2 cuiller à café d'huile essentielle de genièvre • 1/2 cuiller à café d'huile essentielle de citron • 1/2 cuiller à café d'huile essentielle de patchouli

Mélange « Bonne nuit ! »

1/2 cuiller à café d'huile essentielle de camomille • 1 cuiller à café d'huile essentielle de lavande • 1 cuiller à café d'huile essentielle de marjolaine • 1/2 cuiller à café d'huile essentielle de santal

Mélange « spécial anti-cellulite »

2 cuillers à café d'huile essentielle de genièvre • 1/2 cuiller à café d'huile essentielle de pamplemousse • 1/2 cuiller à café d'huile essentielle de tea-tree

À SAVOIR

L'huile de bain « spécial insomnie »

Après un bon bain à l'aide de cette huile, vous n'aurez plus à craindre d'insomnies! Mais ne mettez pas plus d'1/2 à 1 cuiller à café de produit! En plus grande quantité, son parfum risquerait d'être entêtant : vous auriez la tête qui tourne et vous pourriez même « planer » un peu!

Huile de bain « nuit paisible »

1 verre d'eau-de-vie ou de vodka • 2 cuillers à café d'huile essentielle de camomille • 1 cuiller à café d'huile essentielle de lavande • 1 cuiller à café d'huile essentielle de marjolaine • 1 cuiller à café d'huile essentielle de santal • 3 cuillers à café de glycérine

À SAVOIR

Quel vinaigre utiliser ?

À mon humble avis, le vinaigre de cidre me paraît avoir de plus grandes vertus thérapeutiques. C'est celui que je préfère, même si un vinaigre blanc de bonne qualité fera tout aussi bien l'affaire : ce dernier en outre, moins agressif, tonifiera la peau tout en douceur. Vous détestez l'odeur du vinaigre? Utilisez alors du vin blanc ou de la vodka mélangée à 50 % d'eau minérale. Ces deux liquides offrent l'avantage d'accentuer la fragrance des huiles essentielles.

Lotions vinaigrées

Pas chers, simples, amusants à préparer et à utiliser: tels sont quelques-uns des avantages des lotions vinaigrées. Mais au fait, pourquoi utiliser ce liquide obtenu par fermentation acétique de cidre ou d'alcool? Eh bien, parce qu'il va restaurer le manteau acide de la peau, agir sur les problèmes de sécheresse de l'épiderme, calmer les démangeaisons et les sensations de brûlure causées par un coup de soleil.

Leur préparation n'exige aucune compétence particulière et demande peu de matériel (un flacon, un verre et un compte-gouttes) : dans 2 verres de vinaigre de cidre ou de vinaigre blanc, il suffit de verser 100 gouttes d'une ou d'un mélange d'huiles essentielles, puis de bien mélanger. À vous maintenant de choisir, parmi les remèdes suivants, celui qui vous convient le mieux.

Soins	Dosages
Bain	1/2 verre de lotion vinaigrée dans la baignoire.
Rinçage des cheveux	1/2 verre de lotion vinaigrée pour 4 verres d'eau.
Tonifiant de la peau et de la chevelure	1 cuiller à soupe de lotion vinaigrée par verre d'eau.
Friction après la douche	1/4 de verre de lotion vinaigrée par1/2 verre d'eau.
Déodorant	Utiliser pur.

« Sensantion lavande »

100 gouttes d'huile essentielle de lavande

« Sensation citronnée »

30 gouttes d'huile essentielle de citron • 25 gouttes d'huile essentielle de petit grain • 20 gouttes d'huile essentielle de bergamote • 20 gouttes d'huile essentielle d'orange • 5 gouttes d'huile essentielle de girofle

« Sensation mentholée »

40 gouttes d'huile essentielle de menthe poivrée • 40 gouttes d'huile essentielle de menthe verte • 15 gouttes d'huile essentielle de lavande • 5 gouttes d'huile essentielle de girofle

« Sensation épicée »

40 gouttes d'huile essentielle de sauge sclarée • 40 gouttes d'huile essentielle de romarin • 10 gouttes d'huile essentielle de fenouil • 10 gouttes d'huile essentielle de badiane

« Sensation forestière »

40 gouttes d'huile essentielle de pin • 20 gouttes d'huile essentielle d'hysope • 20 gouttes d'huile essentielle de citron • 10 gouttes d'huile essentielle de cyprès • 10 gouttes d'huile essentielle de menthe poivrée

Bains moussants

Bon, c'est vrai qu'on aime tous plus ou moins avoir de la mousse jusqu'au menton! Cela ne saurait pourtant excuser les fabricants industriels, qui ont trop souvent recours à des détergents bon marché à la fois agressifs et desséchants. N'en utilisez jamais plus qu'indiqué sur l'étiquette et, après vous être bien séché, appliquez une crème ou une huile de bain de manière à bien réhydrater votre peau. Le miel, la glycérine ou les matières grasses qu'elles contiennent contrebalanceront l'éventuelle action dessiccative du détergent. À mon avis cependant, le mieux est de préparer vous-même un produit sain et de bonne qualité supérieure à l'aide d'un bon shampooing de haut de gamme. Voici comment s'y prendre:

Base pour bain moussant

1/4 verre d'huile d'amande douce • 1 verre de shampooing haut de gamme • 50 gouttes d'huiles essentielles

Mélanger très soigneusement les ingrédients dans une bouteille. Renverser plusieurs fois le flacon avant l'emploi.

Utilisation

Choisir les huiles essentielles, selon les suggestions indiquées pour les lotions vinaigrées (voir le tableau ci-contre).

Verser lentement 1/4 de verre de produit sous le jet du robinet, de manière à faire le plus de mousse possible.

À SAVOIR

Et si vous n'avez pas de baignoire...

Rien de grave, versez 1 ou 2 gouttes d'une huile essentielle appropriée sur un gant humide. Essorez-le légèrement, puis passez ce linge sur votre corps. Une autre possibilité est de préparer un spray dans lequel vous aurez ajouté une ou plusieurs huiles essentielles capables de traiter un problème particulier. Dans ce cas, ne mettez jamais plus de 6 gouttes d'essences pour 20 cl de liquide dans le pulvérisateur et agitez avant toute utilisation. Vaporisez du produit sur votre corps encore humide en sortant de la douche, massez-vous légèrement pour bien faire pénétrer les substances actives dans votre peau, puis séchez-vous en tamponnant avec une serviette.

À SAVOIR

Histoire de jeunes filles...
Selon une pratique ancestrale, les jeunes vierges souhaitant rester chastes faisaient sécher de la lavande et s'en jetaient sur la tête.
Si vous voulez préserver votre pureté face à la gent masculine, libre à vous d'observer ce rite... mais en utilisant plutôt de l'huile essentielle, ce sera tout de même plus pratique!
En cas d'urgence, rappelez-vous que la lavande remédie à presque tout.

Crème de bain

Très facile à faire, cette crème de soin du corps sera conservée au réfrigérateur et utilisée dans les deux mois suivant sa préparation. Elle hydratera votre peau et lui donnera à la fois souplesse et douceur. Une petite mise en garde s'impose ici: l'eau ne devra pas être trop chaude, au risque de faire durcir l'œuf et de solidifier le produit! Rien à craindre en revanche de l'huile, qui se dispersera dans l'eau sans laisser le moindre résidu graisseux autour de la baignoire.

Crème de bain « Senteur printanière »

1 œuf • 1/2 verre d'huile d'olive • 1 cuiller à soupe de glycérine • 1/2 verre de lait en poudre • 20 gouttes d'huile essentielle de lavande • 10 gouttes d'huile essentielle de carotte • 10 gouttes d'huile essentielle d'orange • 2 verres d'eau

Dans un bol, battre l'œuf et mélanger l'huile d'olive, la glycérine et le lait en poudre. Ajouter ensuite les huiles essentielles tout en continuant à remuer. Enfin, diluer lentement avec un peu d'eau tiède et conserver au réfrigérateur.

Utilisation

Ajoutez 1/2 verre de produit dans l'eau du bain. Agiter la surface pour bien disperser la crème.

Dans un bain, le sulfate de magnésium soulagera votre fatigue et vos muscles endoloris. Il est excellent dans un bain de pieds, après une rude journée de marche ou de shopping !

Sels de bain

En général, on utilise des sels de bain pour adoucir l'eau lorsqu'elle est trop calcaire par exemple. Le propos est différent ici, puisque vous allez ajouter des huiles essentielles qui parfumeront l'eau de votre bain et lui conféreront des pouvoirs thérapeutiques. Si vous aimez la couleur, pas de problème! Après avoir versé les huiles essentielles dans votre produit, ajoutez, goutte à goutte, le colorant naturel de votre choix...

Sels « rétros »

100 g d'acide tartrique • 100 g de bicarbonate de soude • 50 g de maranta (arrow-root) • 8 gouttes d'huile essentielle de lavande • 8 gouttes d'huile essentielle de santal • 4 gouttes d'huile essentielle de girofle

Mélanger les ingrédients et agiter vigoureusement. Ajouter les huiles goutte après goutte, en remuant constamment pour prévenir la formation des grumeaux. Mettre dans un pot et remuer quotidiennement pendant quelques jours.

Utilisation

Saupoudrer le contenu d'1/2 verre de produit pendant que coule le bain.

Déodorants

Il y a seulement deux endroits où les déodorants sont indispensables, les pieds et les aisselles, où l'odeur de transpiration pose un réel problème. Mais pourquoi au fait? Simplement parce que les glandes de ces régions du corps sont différentes des autres: leurs sécrétions sont à la fois plus abondantes et plus odorantes. En fait, la sueur n'a aucune odeur quand elle vient tout juste d'être exsudée par la peau: c'est en se décomposant très rapidement qu'elle dégage une odeur repoussante.

Le produit suivant est un déodorant léger. Absolument sans danger, il est très agréable à utiliser. L'odeur du vinaigre s'évanouira après un très court laps de temps. Ne subsistera alors sur la peau que la délicate fragrance des huiles essentielles.

Déodorant « fraîche comme la rose »

10 cl de vinaigre de cidre • 10 cl d'eau distillée d'hamamélis • 20 gouttes d'huile essentielle de bergamote • 20 gouttes d'huile essentielle de lavande • 10 gouttes d'huile essentielle de patchouli • 10 gouttes d'huile essentielle de bois de rose • 10 gouttes d'huile essentielle de benjoin • 1/2 cuiller à café de glycérine

Mélanger les ingrédients dans un flacon pulvérisateur et agiter vigoureusement. Laisser reposer quatre jours, afin que les substances amplifient leurs effets par synergie. Remuer de temps en temps et conserver dans un endroit frais, sec et sombre.

Utilisation

Appliquer ou pulvériser le déodorant après la douche, ou à tout moment de la journée si nécessaire.

Déodorant pour monsieur « senteur de la forêt »

10 cl de vinaigre de cidre • 10 cl d'eau distillée d'hamamélis • 20 gouttes d'huile essentielle de benjoin • 20 gouttes d'huile essentielle de bergamote • 20 gouttes d'huile essentielle de cyprès • 10 gouttes d'huile essentielle d'eucalyptus • 5 gouttes d'huile essentielle de bois de rose •1/2 cuiller à café de glycérine

Mélanger les ingrédients dans un flacon pulvérisateur et agiter vigoureusement. Laisser reposer quatre jours, afin que les substances amplifient leurs effets par synergie. Remuer de temps en temps et conserver dans un endroit frais, sec et sombre.

Utilisation

Appliquer ou pulvériser le déodorant après la douche, ou à tout moment de la journée si nécessaire.

À SAVOIR

Pieds malodorants

C'est un problème gênant qui apparît à la puberté, pour disparaître ensuire ou durer toute la vie ! Il peut résulter de mauvaises habiudes alimentaires… mais c'est plus généralement l'hygiène qui est en cause !

Traitement

Dans un bol, ajouter 1 cuiller à café d'huile végétale quelconque, 4 gouttes d'huile essentielle de tea-tree (ou de manuka) et 4 gouttes d'huile essentielle de lavande. Verser le contenu de ce récipient dans une bassine remplie d'eau chaude et agiter pour bien répartir le produit. Plonger les pieds pendant 5 minutes, puis essuyer délicatement et soigneusement, en insistant entre les orteils.

La lavande réduit les odeurs corporelles quand on en ajoute dans un déodorant.

À SAVOIR

L'alcool pour vos eaux de toilette

L'alcool éthanol à 95° est utilisé, à des dilutions variées, pour préparer des teintures, des astringents, et comme dissolvant des huiles essentielles.
En France, ce type d'alcool est en vente seulement sur ordonnance et vous devrez vous rabattre sur l'alcool à 90°, produit pratiquement équivalent pour le propos qui nous concerne.
À défaut, vous pouvez tout à fait utiliser des alcools blancs vendus dans le commerce, par exemple de la vodka, du gin ou une quelconque eau-de-vie.

L'essence d'ylang-ylang est abordable. Elle peut se substituer à l'huile essentielle de jasmin, dont les propriétés sont sensiblement identiques, mais qui est beaucoup plus chère.

Poudre déodorante pour les pieds

6 cuillers à soupe de talc sans parfum • 6 cuillers à soupe de farine de maïs • 20 gouttes d'huile essentielle de lavande • 20 gouttes d'huile essentielle de myrrhe • 10 gouttes d'huile essentielle de patchouli • 5 gouttes d'huile essentielle de citron

Passer le talc et la farine de maïs au tamis. Verser ensuite les huiles essentielles en les incorporant très progressivement et en remuant constamment pour éviter la formation de grumeaux. Conserver dans un sachet sous vide ou dans un flacon hermétique.

Utilisation

Le soir, saupoudrer l'intérieur des chaussures pour éliminer les odeurs de transpiration.

Eaux de toilette

Personnellement, je préfère utiliser des eaux de toilette, plutôt que de véritables parfums, car leurs fragrances sont bien plus légères. Ainsi, je ne laisse pas derrière moi un sillage qui risque d'incommoder mes voisins de spectacle et de table au restaurant! Là encore, chacun ses goûts...
Vous remarquerez sans doute que certaines huiles essentielles utilisées ici ne figurent pas dans la liste des essences recommandées pour les soins de la peau (voir le tableau en début de chapitre, p. 28-30). C'est tout simplement parce qu'il ne s'agit pas à proprement parler d'huiles essentielles pour la peau. Cependant, elles sont indispensables pour créer un parfum qui sera à la fois parfaitement bien équilibré et charpenté.
Les eaux de toilette sont constituées de 60 % d'alcool, de 15 % d'eau distillée, de 5 % d'une ou d'un mélange de plusieurs huiles essentielles, et de 5 % de glycérine. Cette dernière substance permet de donner du corps à l'eau de toilette et de contrebalancer l'effet desséchant de l'alcool sur la peau. Voici une base pour réaliser vos eaux de toilette:

Base pour eau de toilette

2 cuillers à soupe de vodka ou d'eau-de-vie • 2 cuillers à café d'eau distillée • 1/4 de cuiller à café de glycérine • 1 cuiller à café 1/2 d'une ou d'un mélange de plusieurs huiles essentielles

Mélanger les ingrédients dans un flacon d'une contenance de 60 ml. Agiter vigoureusement et laisser reposer deux à six mois pour une bonne maturation. Attention, l'odeur initiale n'a rien à voir avec la fragrance finale. Un peu de patience, que diable!

« Fleurs des jardins »

1/2 cuiller à café d'huile essentielle de bergamote • 1/2 cuiller à café d'huile essentielle de géranium • 20 gouttes d'huile essentielle de petit grain ou de néroli • 20 gouttes d'huile essentielle de palmarosa • 2 gouttes d'huile essentielle de santal

« Chéri »

1 cuiller à café d'huile essentielle de bois de rose • 20 gouttes d'huile essentielle d'ylang-ylang • 10 gouttes d'huile essentielle de jasmin • 10 gouttes d'huile essentielle de bergamote

« Mata-Hari »

1 cuiller à café d'ylang-ylang • 15 gouttes d'huile essentielle de patchouli • 15 gouttes d'huile essentielle de santal • 5 gouttes d'huile essentielle de jasmin • 5 gouttes d'huile essentielle de rose

« Méditerranée »

1 cuiller à café 1/2 d'huile essentielle de lavande • 10 gouttes d'huile essentielle de citron • 10 gouttes d'huile essentielle de palmarosa

« Mâle »

1 cuiller à café d'huile essentielle de santal • 30 gouttes d'huile essentielle de cèdre • 10 gouttes d'huile essentielle de bois de rose • 5 gouttes d'huile essentielle de citron

Attention, ne confondez pas l'essence de rose et l'huile essentielle de bois de rose, obtenue quant à elle par distillation à la vapeur et non par enfleurage. De toute façon, la différence de prix est en elle-même on ne peut plus éloquente !

L'aromathérapie au foyer

Vous rêvez d'une vie de famille calme, agréable, au sein de laquelle vous pourriez vous détendre et vous épanouir tranquillement, oublier toute anxiété, et décompresser pour reprendre des forces avant d'affronter le monde extérieur? Vous avez envie qu'on se sente bien chez vous?

À SAVOIR

Aspirateur
Les désodorisants et la poudre pour tapis indiqués plus bas feront parfaitement l'affaire. Il suffira de verser un peu de produit dans le sac d'aspirateur pour éliminer cette odeur de poussière qui devient jour après jour plus insupportable…

Parfumer sa maison

Dans ce cas aussi, les huiles essentielles vous seront également utiles. Les essences des plantes parfument, désodorisent et ionisent l'air que vous respirez. Elles vont stimuler votre esprit, vous redonner de l'énergie ou au contraire vous relaxer. Et ce n'est pas tout, car elles sont aussi capables de repousser des insectes indésirables… Depuis Bébé jusqu'à votre animal de compagnie en passant par vos parents et vos amis, tout le monde profitera de leurs bienfaits! On sera bien chez vous: on ne cessera de vous le répéter. Dès que vos invités auront franchi la porte d'entrée, ils seront souriants et parfaitement à l'aise.
À vous de créer des alliances d'huiles essentielles de telle sorte que la senteur de chaque pièce de la maison s'harmonise avec sa voisine.
À vous aussi de choisir, selon l'endroit, ici une essence plutôt relaxante, là une fragrance qui vous donnera du tonus. Comme vous voyez, un vaste champ d'investigations et d'expérimentations s'offre à vous!

Avant de commencer…

Avant d'utiliser des huiles essentielles dans votre maison, il faut savoir plusieurs choses importantes:

• Les vaporisateurs, les brûle-parfums et autres diffuseurs sont vivement conseillés pour préserver la santé de la maisonnée quand l'un des membres de votre famille est malade ou en présence d'un risque infectieux quelconque.
Dans les chambres à coucher et le salon, les huiles essentielles vont contribuer à créer une douce ambiance de calme et de sérénité.

• Pulvérisées dans l'air de votre chambre à coucher ou dans celles de vos enfants, les essences de plantes ne se limiteront pas à assainir l'air: elles favoriseront le sommeil, la détente et le bien-être de chacun.

Les huiles essentielles peuvent être utilisées partout dans la maison et dans le jardin. Pensez-y et ne les réservez pas seulement aux soins et aux problèmes de santé.

• Les huiles essentielles ont aussi leur place dans la cuisine, la salle de bains, la buanderie, les WC, et même dans le sac de l'aspirateur, autant d'endroits où elles élimineront les éventuelles mauvaises odeurs tout en jouant un rôle antibactérien.

Buanderie et cave

C'est souvent la pièce un peu fourre-tout de la maison. On y range les bottes en caoutchouc pour jardiner, les chaussures de sport, les sacs et les valises, les balais et les serpillières, ainsi que les serviettes de plage et le bac à litière du chat… Pourtant, c'est là aussi que se trouve la machine à laver et que l'on fait parfois sécher le linge!
Les mauvaises odeurs sont donc intolérables dans une buanderie, lieu qui doit par ailleurs être parfaitement désinfecté. En utilisant un mélange d'huiles essentielles parfumées aux propriétés antibactériennes et antifongiques, votre linge gardera son odeur de frais et de propre.

Désinfectant pour buanderie

1 cuiller à café d'huile essentielle de lavande • 1/2 cuiller à café d'huile essentielle de romarin • 1/2 cuiller à café d'huile essentielle de citron • 20 gouttes d'huile essentielle de pin • 20 gouttes d'huile essentielle de lemon-grass

Verser les huiles essentielles dans un flacon et agiter vigoureusement. Si possible, laisser reposer quatre jours, afin que les différentes substances amplifient leurs effets par synergie. Conserver dans un endroit frais et à l'abri de la lumière.

Utilisation

• *Prélavage*. S'il y a un quelconque risque infectieux ou contagieux dans la maisonnée, faire tremper le linge de lit et les pyjamas dans de l'eau dans laquelle auront été ajoutées 10 gouttes de désinfectant et 10 gouttes d'huile essentielle d'eucalyptus.
• *Lavage*. Ajouter 4 à 5 gouttes de désinfectant dans la dernière eau de rinçage de votre machine à laver. Dans le cas d'un lavage à la main, utiliser seulement 2 gouttes de produit.
• *Séchage*. Verser 2 à 3 gouttes de désinfectant sur un mouchoir qui sera glissé dans le sèche-linge.

À SAVOIR

Chaussures malodorantes
Si vous avez l'habitude de ranger vos chaussures dans l'armoire, vous courez le risque d'embaumer le meuble lui-même, mais aussi la chambre! Oubliez vos *a priori* et versez un peu de poudre désodorisante pour tapis et moquettes (voir p. 82) dans vos chaussures.
Agitez pour bien disperser la poudre, puis laissez agir le produit toute la nuit.
Une alternative plus pratique et plus économique, car réutilisable plusieurs semaines: verser plusieurs cuillerées de poudre dans une vieille paire de chaussettes ou de bas, faire un nœud et glisser le tout à l'intérieur des chaussures; enlever au matin et replacer chaque soir.

À SAVOIR

Désodorisant d'ambiance pour la maison

3 cuillers à soupe d'eau de rose • 20 gouttes d'huile essentielle de lavande • 20 gouttes d'huile essentielle de géranium • 20 gouttes d'huile essentielle d'orange • 20 gouttes d'huile essentielle de santal

Mélanger l'eau de rose et les huiles essentielles dans un petit flacon et agiter vigoureusement. Laisser reposer quatre jours avant utilisation, afin que les différentes substances amplifient leurs effets par synergie.
Il est également possible d'ajouter toutes ces huiles essentielles dans de l'eau pour profiter de leurs pouvoirs apaisants dans un brûle-parfum.

Désodorisant et désinfection	Vaporiser du désinfectant « senteur provençale » (p. 79) dans l'air et à l'intérieur des placards ou des paniers à linge.
Fer à repasser	Verser 2 gouttes de désinfectant pour buanderie dans un vaporisateur rempli de 30 cl d'eau. Faire un test préalable sur l'envers d'un ourlet.
Sols, placards et évier	Utiliser le détergent ménager « multi-usages » (p. 77).

Chambre à coucher

C'est un lieu commun de dire que la chambre à coucher est l'endroit où l'on passe environ le tiers de sa vie, à dormir, à rêver, à bavarder, à lire, à faire l'amour, etc. Trop de gens s'y disputent aussi, car c'est le seul endroit où ils peuvent parler sans crainte d'être entendus des enfants… Pitié, laissez votre chambre à l'écart de cela… Pour vos scènes de ménage, choisissez plutôt le garage ou le fond du jardin!
Les huiles essentielles ont de multiples applications dans une chambre à coucher. Elles peuvent créer une ambiance à la fois mystérieuse, romantique et sensuelle, ou propice à un sommeil réparateur. Plus prosaïquement, elles sont également très efficaces pour éliminer les mites qui se cachent dans vos placards! Veillez à ce que les essences utilisées à différents endroits de votre chambre à coucher possèdent une fragrance proche. Il serait gênant de sentir une senteur lourde et musquée dans le lit, dans le placard un parfum citronné, et près de la fenêtre une odeur florale! Encore une fois, il vous faudra tâtonner un peu avant de trouver votre bonheur et un mariage réussi de senteurs.

L'essence de santal passe pour l'un des rares authentiques aphrodisiaques. Elle stimulera le libido de tous ceux et de toutes celles qui souffrent d'impuissance et de frigidité!

Comment utiliser des mélanges parfumés

• Pulvériser un peu de mélange d'huiles essentielles dans l'air avant d'aller au lit.

• Allumer un brûle-parfum, en veillant bien sûr à ce qu'il ne soit pas trop près des rideaux, du lit ou d'un objet inflammable.

• Verser quelques gouttes de l'un des produits ci-dessous sur un bout de coton, puis glisser celui-ci sous les oreillers ou sous le lit.

• Humecter deux mouchoirs en papier d'1 à 3 gouttes de

mélange d'huiles essentielles, glisser ces derniers dans un petit sachet et mettre le tout sous les taies d'oreiller.

• Pour parfumer une armoire ou un placard, mettre des morceaux de coton humectés de quelques gouttes de produit sous les piles de linge et dans les tiroirs.

• Lors du nettoyage des plinthes et des fenêtres de la chambre à coucher, ajouter quelques gouttes de l'un des produits ci-dessous dans l'eau.

« Nuits romantiques »

1 cuiller à café d'huile essentielle d'ylang-ylang • 1/2 cuiller à café d'huile essentielle de lime • 1/2 cuiller à café d'huile essentielle de petit grain • 20 gouttes d'huile essentielle de santal • 15 gouttes d'huile essentielle de patchouli • 5 gouttes d'huile essentielle de girofle

Mettre les huiles essentielles dans un flacon verseur et agiter vigoureusement. Si possible, laisser reposer quatre jours, afin que les différentes essences amplifient leurs effets par synergie. Conserver dans un endroit frais et à l'abri de la lumière. Agiter avant l'emploi.

« Le temps du sommeil »

1/2 cuiller à café d'huile essentielle de camomille • 1/2 cuiller à café d'huile essentielle de lavande • 20 gouttes d'huile essentielle de marjolaine • 20 gouttes d'huile essentielle de néroli ou de sauge sclarée

Mettre les huiles essentielles dans un flacon verseur ou dans un pulvérisateur et agiter vigoureusement. Si possible, laisser reposer quatre jours, afin que les différentes essences amplifient leurs effets par synergie. Conserver dans un endroit frais et à l'abri de la lumière. Agiter avant l'emploi.

Utilisation

Ce produit vous sera bien utile quand, pour une raison ou pour une autre, vous n'arriverez pas à dormir.

« Relaxation »

1 cuiller à café d'huile essentielle de bergamote • 1/2 cuiller à café d'huile essentielle de lavande • 20 gouttes d'huile essentielle de mandarine • 20 gouttes d'huile essentielle de cèdre • 20 gouttes d'huile essentielle de santal, de menthe poivrée ou de genièvre

Mettre les huiles essentielles dans un flacon verseur ou dans un pulvérisateur et agiter vigoureusement. Si possible, laisser reposer quatre jours, afin que les différentes essences amplifient leurs effets par synergie. Conserver dans un endroit frais et à l'abri de la lumière. Agiter avant l'emploi.

À SAVOIR

Aphrodisiaque et anaphrodisiaque...

Tous les couples peuvent traverser des moments difficiles où la sexualité de l'un des deux partenaires, pour une raison ou pour une autre, se met temporairement en berne. Rien de grave là-dedans, sauf si un sentiment de culpabilité s'installe. Pour l'éviter, versez dans un spray l'une des nombreuses huiles aux vertus aphrodisiaques que la nature nous a données. Vous avez l'embarras du choix: bois de rose, jasmin, néroli, patchouli, rose, santal, sauge sclarée, vétiver et ylang-ylang.

Si le problème est inverse, c'est-à-dire si votre partenaire a un trop grand appétit sexuel, un spray contenant de l'huile essentielle de marjolaine devrait contribuer à calmer ses ardeurs excessives! Mais bon, sans vouloir me mêler de ce qui ne me regarde pas, il faudra vous demander au préalable si vous n'avez pas besoin – vous-même – d'une essence aphrodisiaque...

À SAVOIR

Contre l'insomnie

- Le cèdre, la camomille, la lavande, la mandarine, la marjolaine, et le santal vous aideront contre l'insomnie.
- La bergamote, le cèdre, l'encens, le jasmin, la lavande, la mandarine, la marjolaine, le santal, la sauge sclarée et l'ylang-ylang créeront une ambiance calme et reposante.

L'essence de mandarine soulage l'insomnie et réduit le stress. Elle exerce une légère action sédative sur l'ensemble du système nerveux.

Utilisation

Ce produit vous détendra. Il vous relaxera et vous aidera à dormir. Fini l'anxiété, oublié le stress accumulé dans la journée !

« Féminité »

1 cuiller à café d'huile essentielle de rose • 1 cuiller à café d'huile essentielle d'orange ou de mandarine • 1/2 cuiller à café d'huile essentielle de géranium • 20 gouttes d'huile essentielle de petit grain • 10 gouttes d'huile essentielle de patchouli • 10 gouttes d'huile essentielle de cannelle

Mettre les huiles essentielles dans un flacon verseur ou dans un pulvérisateur et agiter vigoureusement. Si possible, laisser reposer quatre jours, afin que les différentes essences amplifient leurs effets par synergie. Conserver dans un endroit frais et à l'abri de la lumière. Agiter avant l'emploi.

« L'antimite »

1 cuiller à café d'huile essentielle de lavande • 1 cuiller à café d'huile essentielle de romarin • 1 cuiller à café d'huile essentielle de citron

Mettre les huiles essentielles dans un flacon verseur et agiter vigoureusement. Si possible, laisser reposer quatre jours, afin que les différentes essences amplifient leurs effets par synergie. Conserver dans un endroit frais et à l'abri de la lumière. Agiter avant l'emploi.

Utilisation

• *Pour armoires.* Verser 2 à 3 gouttes de produit sur chaque portemanteau ; à chaque nettoyage de l'intérieur de l'armoire, diluer 2 à 3 gouttes d'antimite dans 2 verres d'eau.

• *Pour tiroirs.* Verser 2 à 3 gouttes de produit sur un bout de papier ou sur des boules de coton, et glisser le tout dans le tiroir où sont rangés vos sous-vêtements, pulls, etc.

La plupart des antimites du commerce repoussent ces sales bêtes, c'est vrai, mais l'odeur de naphtaline qui imprègne ensuite les vêtements offre l'inconvénient de faire fuir aussi nos congénères ! Le produit recommandé ici n'a pas ce défaut : il laissera dans vos armoires et vos placards une odeur de frais ; sa fragrance n'interférera ni avec le parfum de Madame, ni avec l'après-rasage de Monsieur, ni avec les senteurs qui planent dans votre chambre à coucher.

Chambre d'enfant

Les adultes s'imaginent souvent avoir le monopole de l'anxiété, et que jeunesse rime avec désinvolture et insouciance. Quelle erreur! L'angoisse des examens, l'enjeu des compétitions sportives, les cauchemars et les angoisses de toutes sortes, les problèmes d'acné ou l'obésité, sans parler du regard des autres à l'école, tout cela empoisonne quotidiennement la vie de notre progéniture.
Faites en sorte que votre enfant soit le plus possible détendu au moins une heure avant d'aller se coucher. Par exemple, vous pouvez lui faire prendre un bain tiède, lui donner à boire un lait chaud ou une infusion de camomille, lui faire tout simplement un petit câlin ou encore lui raconter une histoire au lit. Les enfants ont besoin d'éprouver un sentiment de sécurité et d'isolement dans leur chambre. Les produits suivants, le premier destiné aux plus jeunes, le second plus spécifiquement aux adolescents, vont justement contribuer à créer cette ambiance d'« oasis ».

« Quiétude et sérénité »

1 cuiller à café d'huile essentielle de lavande • 1 cuiller à café d'huile essentielle de camomille • 1 cuiller à café d'huile essentielle de mandarine

Mettre les huiles essentielles dans un flacon verseur ou dans un atomiseur et agiter vigoureusement. Si possible, laisser reposer quatre jours, afin que les différentes essences amplifient leurs effets par synergie. Conserver dans un endroit frais et à l'abri de la lumière. Agiter avant l'emploi.

Utilisation

Voir les conseils pour la chambre à coucher de l'adulte.

« Adolescence paisible »

1 cuiller à café d'huile essentielle de bergamote • 1 cuiller à café d'huile essentielle de lime • 20 gouttes d'huile essentielle de cannelle • 10 gouttes d'huile essentielle de romarin • 10 gouttes d'huile essentielle de poivre

Mettre les huiles essentielles dans un flacon verseur ou dans un atomiseur et agiter vigoureusement. Si possible, laisser reposer quatre jours, afin que les différentes essences amplifient leurs effets par synergie. Conserver dans un endroit frais et à l'abri de la lumière. Agiter avant l'emploi.

Utilisation

Voir les conseils pour la chambre à coucher de l'adulte.

À SAVOIR

Enfant renfrogné et ronchon

Ce produit concerne les enfants de plus de 5 ans qui ont été un tant soit peu éprouvés à la fois physiquement et moralement par une journée de sport, par une « guerre de bac à sable », ou par une « boom » mouvementée avec les copins et les copines.

Huile « Sourire »

1 cuiller à soupe d'huile de pépins de raisin • 5 gouttes d'huile essentielle de lavande • 3 gouttes d'huile essentielle de géranium • 2 gouttes d'huile essentielle de menthe poivrée

Mélanger les ingrédients dans un petit flacon. Agiter vigoureusement.

Traitement

Verser 2 cuillers à café du produit dans un bain ou un bain de pieds. Remuer et laisser l'enfant dans le bain pendant 10 à 15 minutes (jamais sans surveillance). Masser son corps avec des gouttelettes en suspension pour bien faire pénétrer les substances actives dans la peau.

À SAVOIR

Quelle eau utiliser pour les préparations ?
Les bactéries prolifèrent facilement dans l'eau, qui trouvent là un milieu extrêmement favorable à leur miltiplication. Comme c'est l'un des principaux ingrédients des remèdes figurant dans cet ouvrage, il faudra n'utiliser que de l'eau minérale, de l'eau distillée ou de l'eau bouillie si vous voulez que vos préparations se conservent longtemps.

Cuisine

Des cuisines émanent les fumets délicieux des plats, mais parfois aussi des effluves rien moins que repoussantes : odeurs de chou, de frites, de poissons ou de viandes grillées, sans parler des ordures et des égouts. En outre, la cuisine est un endroit particulièrement favorable à la prolifération des bactéries. Les huiles essentielles vous seront donc ici d'un grand secours. Ces puissants antibactériens rafraîchiront l'atmosphère. Elles viendront à bout des odeurs les plus tenaces.

Désodorisant de cuisine « fraîcheur citronnée »

1 cuiller à café d'huile essentielle de citron • 1/2 cuiller à café d'huile essentielle de bergamote • 1/2 cuiller à café d'huile essentielle de pamplemousse • 25 gouttes d'huile essentielle de santal • 30 gouttes d'essence de vanille

Mettre les huiles essentielles et l'essence de vanille dans un flacon verseur et agiter vigoureusement. Si possible, laisser reposer quatre jours, afin que les différentes essences amplifient leurs effets par synergie. Conserver dans un endroit frais et à l'abri de la lumière. Agiter avant l'emploi.

Utilisation

Ce produit va créer une atmosphère sereine et gaie quand vous ferez la cuisine.

Vaporisez un peu de désodorisant dans l'air ou allumez un brûle-parfum avant de commencer la cuisson des plats. Vous pouvez également en verser quelques gouttes sur une éponge pour nettoyer le plan de travail.

En Inde, on a l'habitude de glisser des feuilles de patchouli sous le linge et dans les vêtements pour les protéger des insectes.

Lessive désinfectante pour cuisine

1 verre 1/2 de lessive biodégradable sans phosphate • 1 litre d'eau chaude • 1 cuiller à café d'huile essentielle de citron • 1 cuiller à café d'huile essentielle de pin • 20 gouttes d'huile essentielle de cannelle

Verser la lessive en poudre dans l'eau chaude, puis remuer doucement jusqu'à ce qu'elle soit parfaitement dissoute. Laisser refroidir. Pendant ce temps, mélanger les huiles essentielles dans un petit flacon. Quand le liquide est revenu à bonne température, verser son contenu dans la lessive. Agiter et transvaser dans une bouteille munie d'un bouchon. Renverser celle-ci avant l'emploi.

Désinfectant « coup de poing anti-bactéries »

2 cuillers à café d'huile essentielle de citron • 1 cuiller à café 1/2 d'huile essentielle de pin • 1/2 cuiller à café d'huile essentielle de cannelle • 1/2 cuiller à café d'huile essentielle de tea-tree

Mélanger les huiles essentielles dans un flacon verseur d'une contenance de 25 ml minimum. Agiter vigoureusement, puis laisser reposer quatre jours, afin que les différentes substances amplifient leurs effets par synergie.

Détergent ménager « multi-usages »

60 g de bicarbonate de soude • 2 litres d'eau chaude • 1 cuiller à soupe de vinaigre • 3 cuillers à soupe de désinfectant « coup de poing anti-bactéries » • 1 cuiller à soupe d'eau de Javel

Verser le bicarbonate de soude dans l'eau, puis laisser refroidir. Dans un bol, verser le vinaigre et le mélange d'huiles essentielles, laisser dissoudre, puis ajouter enfin l'eau de Javel. Incorporer ce mélange à l'eau froide additionnée de bicarbonate de soude. Bien agiter et conserver dans une bouteille.

Utilisation

Ce détergent ménager très efficace viendra à bout des graisses et des taches les plus rebelles. C'est aussi un puissant pouvoir désinfectant que vous utiliserez sur une éponge ou dans un vaporisateur pour nettoyer le plan de travail, le sol et les murs. Évitez d'inhaler les vapeurs d'ammoniaque!

Canalisation	Pour les désinfecter et les désodoriser, verser 4 à 6 gouttes de désinfectant « coup de poing antibactéries » dans le siphon.
Désodorisant	Mélanger 50 gouttes de désinfectant « coup de poing anti-bactéries » dans 1 cuiller à café de vinaigre. Verser dans un pulvérisateur d'une contenance de 30 à 40 cl et compléter avec de l'eau. Agiter avant l'emploi.
Évier	Diluer 1 cuiller à café de détergent ménager « multi-usages » dans 1 litre d'eau tiède.
Lave-vaisselle	Verser 2 gouttes de détergent ménager « multi-usages » dans la machine.

À SAVOIR

« Mon huile du quotidien »

J'aime bien partir à l'aventure en mobile home avec mon mari et mes deux chiens. Comme j'ai un tempérament un peu « mère poule », je veille sur ce petit monde et j'ai envie de le garder en bonne santé ! C'est pourquoi j'ai toujours sur moi un flacon rempli d'eau dans lequel j'ai ajouté quelques gouttes d'huiles essentielles d'eucalyptus et de lavande. Je l'utilise pour assainir l'air ambiant et j'en mets aussi un peu partout sur notre mobilier de camping. Ainsi, nous ne sommes jamais tombés malades, et même les puces n'ont pas osé s'attaquer à mes chiens ! Attention, l'huile essentielle d'eucalyptus est très puissante : utilisez-la avec précaution ! Si une recette indique d'en ajouter une goutte, n'en mettez pas une de plus ! De toute façon, son odeur vous ferait vite tourner la tête…

À SAVOIR

Répulsif antimoustique

40 gouttes d'huile essentielle de lavande • 40 gouttes d'huile essentielle de citronnelle • 30 gouttes d'huile essentielle de menthe poivrée • 1/4 verre de vinaigre de cidre ou d'eau distillée d'hamamélis • 1/4 verre d'huile de paraffine

Verser tous les ingrédients dans un petit flacon et agiter vigoureusement. Laisser reposer quatre jours avant utilisation, afin que les différentes substances amplifient leurs effets par synergie.

Traitement

Enduire les membres ainsi que le visage, en faisant attention de ne pas s'en mettre dans les yeux.

C'est la seule fois que je vous suggère d'appliquer de l'huile de paraffine sur la peau. Mais j'ai une bonne raison pour cela : absorbée lentement par la peau, bien moins vite que l'huile de pépins de raisin par exemple, elle prolongera d'autant le pouvoir répulsif antimoustique des huiles essentielles de lavande, de citronnelle et de menthe poivrée.

Plan de travail	Utiliser le détergent ménager « multi-usages ».
Poubelle	Vaporiser du détergent ménager « multi-usages », essuyer, puis verser 4 gouttes de désinfectant « coup de poing anti-bactéries ».
Sol et murs	Diluer 8 gouttes de désinfectant « coup de poing anti-bactéries » et 1 à 2 cuillers à café de détergent ménager « multi-usages » dans 1 litre d'eau tiède.
Torchon	Diluer 8 gouttes de désinfectant « coup de poing anti-bactéries » et 1 cuiller à café de détergent ménager « multi-usages » dans 2 litres d'eau. Utiliser en prélavage. Si possible, laisser tremper toute la nuit.
Vaisselle	Dans l'eau de lavage, verser 1 cuiller à café de détergent ménager « multi-usages ».

Désinfectants et désodorisants

Les produits ménagers du commerce, qu'il s'agisse de désodorisants et de désinfectants en aérosols, mais aussi des nettoyants en général, sont fabriqués exclusivement à l'aide de substances chimiques.

À mon humble avis, ils font certainement plus de mal que de bien, surtout si l'on a des tendances allergiques! Leurs parfums entrent en conflit les uns avec les autres. En outre, ils n'ont que très peu d'efficacité en dehors de leurs pouvoirs germicides et désinfectants, et les huiles essentielles n'ont rien à leur envier en ce domaine. Comme vous le voyez, il n'y a pas de raison valable de leur rester fidèle, surtout en sachant que les produits à base d'essences de plantes vont créer un environnement naturel, convivial et agréable. En plus, ils sont puissants et moins chers! Alors, que demande le peuple?

Avant toute chose, je vous conseille de préparer de petites quantités de chacun de ces produits pour vous assurer que vous en appréciez le parfum. Aucun de ces produits à utiliser dans un spray ou dans un brûle-parfum n'est vraiment sorcier à réaliser. Je vous conseille de ne pas pulvériser ces substances sur des meubles ou les objets trop délicats, car elles risqueraient de les tacher.

Désodorisant « Bienvenue ! »

1 cuiller à café d'huile essentielle de géranium • 1 cuiller à café d'huile essentielle de bergamote • 1 cuiller à café d'huile essentielle de lavande • 1 cuiller à café d'huile essentielle de citron • 50 gouttes d'huile essentielle de cannelle • 20 gouttes d'huile essentielle de girofle

Utilisation

Dans le salon ou la salle à manger, il va créer une ambiance gaie, chaleureuse et apaisante. Son bouquet agréable souhaitera la bienvenue aux membres de la famille et aux amis… tout en éliminant les bactéries et les virus !

Désodorisant « famille heureuse »

2 cuillers à café d'huile essentielle de lavande • 2 cuillers à café d'huile essentielle de pamplemousse • 1/2 cuiller à café d'huile essentielle de bergamote • 1/2 cuiller à café d'huile essentielle de santal

Utilisation

Avec son parfum plein de gaieté, il vous remontera à coup sûr le moral ou calmera une petite tension familiale.

Désinfectant « senteur provençale »

1 cuiller à café d'huile essentielle d'eucalyptus • 1 cuiller à café d'huile essentielle de tea-tree • 1 cuiller à café d'huile essentielle de lavande • 1 cuiller à café d'huile essentielle de pin • 1/2 cuiller à café d'huile essentielle de thym • 1/2 cuiller à café d'huile essentielle de cannelle ou de girofle

Utilisation

L'un de vous a attrapé un rhume, une toux persistante, une grippe ou une quelconque maladie contagieuse, et vous n'avez pas très envie que toute la maisonnée soit contaminée ! Je vous comprends. Pulvérisez ce produit dans toutes les pièces. Vous pouvez également en mettre quelques gouttes sur un mouchoir pour en respirer le parfum de temps en temps.

Humidificateur d'air

L'hiver surtout, à cause du chauffage central, le degré d'humidité du salon, de la salle à manger et des chambres à coucher décline. Si vous n'y prenez garde, la faible hygrométrie de l'air ambiant peut à son tour déshydrater votre peau. Il est très simple d'éviter ce problème : il suffit de mettre quelques gouttes d'un mélange d'huiles essentielles dans un bol rempli d'eau près du radiateur, ou directement dans le saturateur.

À SAVOIR

Comment réaliser un désodorisant et un désinfectant

Mélanger les huiles essentielles dans un flacon de 25 ml et agiter vigoureusement. Verser 1/2 à 1 cuiller à café de ce mélange dans 50 ml de vodka ou d'eau-de-vie, puis transvaser le tout dans un pulvérisateur. Laisser dissoudre et ajouter encore un verre d'eau distillée. Bien agiter avant l'emploi.

À SAVOIR

Senteurs séductrices à table

Versez quelques gouttes d'une huile essentielle de votre choix sur l'envers d'une nappe, du linge de table, ou sur des endroits qui vont être en contact avec la chaleur des plats. Pensez tout de même à ce que leurs parfums ne perturbent, ni ne masquent l'odeur des aliments ! Les essences citronnées ou épicées sont les mieux adaptées à un tel usage.

Meubles

Grâce à ce nettoyant qui nourrit également le bois, vos meubles vont retrouver leur lustre et leur brillant.

Nettoyant au citron pour meubles

3 cuillers à soupe d'huile d'olive • 3 cuillers à soupe de jus de citron • 1 cuiller à café d'huile essentielle de citron

Mélanger les ingrédients dans un flacon. Agiter avant l'emploi.

Utilisation

Mettre quelques gouttes de produit sur un chiffon doux et appliquer sur les meubles en bois. Faire cette opération une fois tous les quinze jours seulement.

Salle de bains

De nombreux indésirables se cachent dans les salles de bains... Les champignons trouvent là un terrain pour proliférer... Quant aux cafards, attirés par l'humidité, ils montrent un intérêt marqué pour les bacs à douche, les baignoires et les canalisations.

On peut attraper toutes sortes de maladies en marchant sur un sol ou sur un bac de douche infesté de champignons. La propreté de la salle de bains n'est pas en cause. Il suffit qu'elle soit mal désinfectée. Voilà quelques produits pour vous éviter ce genre de désagréments :

Désinfectant pour salle de bains

1 cuiller à café 1/2 d'huile essentielle de citron • 1 cuiller à café d'huile essentielle de bergamote • 1 cuiller à café d'huile essentielle de pin • 1/2 cuiller à café d'huile essentielle de citronnelle • 1/2 cuiller à café d'huile essentielle de thym • 1/2 cuiller à café d'huile essentielle de tea-tree

Mélanger les huiles essentielles dans un flacon verseur d'une contenance de 25 ml. Agiter vigoureusement. Si possible, laisser reposer quatre jours, afin que les différentes substances amplifient leurs effets par synergie.

Utilisation

Ce désinfectant pour salle de bains contient des huiles essentielles puissamment antibactériennes et antifongiques. Avant de quitter la pièce, chacun d'entre vous devra vaporiser un peu de ce produit dans le tub après la douche et dans l'air.

Détergent pour salle de bains

4 cuillers à soupe de bicarbonate de soude • 2 litres d'eau chaude • 1 cuiller à soupe de vinaigre • 3 cuillers à soupe de désinfectant pour salle de bains • 1 cuiller à soupe d'eau de Javel

Verser le bicarbonate de soude dans l'eau chaude, puis laisser refroidir. Dans un bol, mélanger le vinaigre et le désinfectant pour salle de bains, puis ajouter à la préparation précédente. Incorporer enfin l'eau de Javel en remuant soigneusement. Conserver dans une bouteille. Pour l'utiliser, agiter avant l'emploi, puis transvaser un peu de ce produit dans un pulvérisateur ou en imbiber directement une éponge.

Utilisation

Bien qu'il contienne des huiles essentielles différentes, ce produit pour salle de bains ressemble comme un frère au détergent ménager « multi-usages » que vous utilisez à la cuisine. Très efficace, il vous permettra de nettoyer les murs et les sols, la baignoire et la cabine de douche, le lavabo et l'armoire de toilette… Si vous tombez sur des taches récalcitrantes, versez un peu bicarbonate de soude avant de pulvériser du détergent.

Baignoire et lavabo	Vaporiser du détergent pour salle de bains, laisser agir 1 minute ou 2, puis essuyer avec une éponge.
Désodorisant	Mélanger 50 gouttes de désinfectant pour salle de bains dans 2 cuillers à soupe de vinaigre. Verser dans un pulvérisateur d'une contenance de 30 à 40 cl, et ajouter 1 verre d'eau chaude. Agiter avant l'emploi.
Douche	Diluer 2 cuillers à café de détergent ménager « multi-usages » (p. 77) dans 1 litre d'eau tiède.
Sol et murs	Mélanger 1 cuiller à café de désinfectant pour salle de bains dans 10 cl de vinaigre. Verser dans un pulvérisateur d'une contenance de 30 à 40 cl et ajouter 1 cuiller à soupe d'eau. Agiter avant l'emploi. Pulvériser après chaque douche et aussi souvent que nécessaire.
Tablettes et armoire de toilette	Vaporiser du détergent pour salle de bains, laisser agir 1 minute ou 2, puis essuyer avec une éponge.

À SAVOIR

Lettres parfumées

Vous aimez recevoir des lettres parfumées ? Alors, pourquoi ne pas en envoyer vous aussi ? Le plus difficile est de trouver une fragrance qui reflète la personnalité du destinataire (ou la vôtre s'il s'agit d'un billet doux !) et de résister à la tentation d'en mettre trop ! Le reste est très simple : il suffit de verser quelques gouttes de l'essence ou du mélange choisi sur du papier buvard ou sur un mouchoir en papier, puis d'intercaler celui-ci entre la lettre et l'enveloppe. J'oubliais… Il vous faudra aussi un peu de patience, une semaine, le temps nécessaire au parfum de pénétrer dans les fibres du papier !

Désinfectez l'air de votre maison et nettoyez régulièrement vos tapis et moquettes pour éliminer les éventuelles bactéries. Les huiles essentielles que vous aurez ajoutées dans vos désodorisants possèdent également des vertus relaxantes.

Tapis et moquettes

Cette poudre désinfectante et désodorisante convient à tous les tapis et moquettes. Les personnes possédant un animal de compagnie l'apprécieront tout particulièrement!

Poudre désodorisante pour tapis et moquette

2 verres de bicarbonate de soude • 4 cuillers à soupe de talc sans parfum ou de farine de maïs • 4 cuillers à soupe de borax • 30 gouttes d'huile essentielle de citron • 20 gouttes d'huile essentielle de lavande • 10 gouttes d'huile essentielle de cannelle • 10 gouttes d'huile essentielle de pin

Dans un bol, tamiser les ingrédients en poudre, puis ajouter les huiles essentielles goutte après goutte en remuant constamment pour éviter la formation de grumeaux. Conserver dans un pot en verre, dans un récipient muni d'un bec verseur ou d'un couvercle percé (une vieille boîte de sucre en poudre, par exemple). Remuer le flacon deux fois par jour pendant trois jours avant l'emploi.

Utilisation

Saupoudrer un peu de produit sur le tapis ou la moquette. Laisser agir pendant quelques heures ou, mieux, toute la nuit. Le lendemain, passer l'aspirateur pour enlever la poudre.

Toilettes

Ici, les deux problèmes majeurs se nomment bactéries et odeurs, deux choses dont le désinfectant pour W.-C. devrait facilement venir à bout.

Pour qu'ils continuent à le faire à l'âge adulte, il est très important de dire à ses enfants de bien se laver les mains après être allés aux toilettes. La plupart d'entre nous font cela sans y penser, en oubliant malgré tout qu'en appuyant sur l'interrupteur, en prenant la poignée de la porte ou en tournant un robinet du lavabo, on laisse des bactéries que d'autres attrapent à leur tour. En utilisant ce produit désodorisant et antibactérien, vous désinfecterez non seulement la lunette des W.-C., mais aussi la poignée de la porte et l'interrupteur, tout en laissant une agréable odeur dans l'air.

Désinfectant pour W.-C.

2 cuillers à café d'huile essentielle de tea-tree • 1 cuiller à café d'huile essentielle de lavande • 1 cuiller à café d'huile essentielle de citron • 40 gouttes d'huile essentielle de pin • 40 gouttes d'huile essentielle de lemon-grass

Verser les huiles essentielles dans un flacon et agiter vigoureusement. Si possible, laisser reposer quatre jours, afin que les différentes essences amplifient leurs effets par synergie. Conserver dans un endroit frais et à l'abri de la lumière.

Utilisation

Dans un pulvérisateur, verser 1 cuiller à café de désinfectant pour W.-C. et 2 cuillers à soupe de vodka ou d'eau-de-vie. Laisser dissoudre quelques instants, puis ajouter enfin 1 verre d'eau. Afficher un panneau sur la porte des toilettes, avec le rappel de vaporiser du produit après chaque passage.

Cuvette	Verser 10 gouttes de désinfectant pour W.-C. dans la cuvette après l'avoir soigneusement nettoyée.
Lunette de W.-C. et murs	Dans 2 verres d'eau, diluer 1 à 2 cuillers à café de détergent ménager « multi-usages » (p. 77) et 5 gouttes d'huiles essentielles de tea-tree ou d'eucalyptus.
Sol	Dans 2 litres d'eau, diluer 1 à 2 cuillers à café de détergent ménager « multi-usages » et 10 gouttes d'huile essentielle d'eucalyptus.

À SAVOIR

À afficher :
« SVP. Après être allé aux toilettes, toujours j'agiterai ce pulvérisateur et toujours je vaporiserai vers le haut du plafond pour que le produit retombe doucement sur la lunette, l'interrupteur et la poignée de la porte. »

L'aromathérapie au travail et à l'école

Les huiles essentielles peuvent soulager la dépression, réduire le stress ou éclaircir les idées. Elles redonneront de l'énergie et de l'entrain à des personnes épuisées nerveusement. Utilisez-les tous les jours !

À SAVOIR

Contre la fatigue physique
- Citron,
- Lavande,
- Pamplemousse,
- Sauge sclarée.

Contre la fatigue intellectuelle
- Géranium,
- Lavande,
- Menthe poivrée,
- Romarin.

Notre quotidien

De plus en plus souvent, nous sommes amenés à emporter un dossier à la maison et à travailler à domicile. C'est loin d'être toujours par choix, mais plutôt par nécessité économique ou parce que l'employeur nous impose d'être toujours plus performants. Évidemment, cette situation bouscule l'équilibre et les nécessaires frontières entre vie professionnelle et vie familiale. Elle est une source supplémentaire de stress.
Ne sommes-nous pas d'ailleurs tendus avant même d'être arrivés sur notre lieu de travail ? Il y a parfois à peine moins d'une heure, nous étions encore dans les bras de Morphée… Et puis, il a fallu se lever, préparer et prendre le petit déjeuner, faire peut-être un peu de rangement dans la maison, préparer les enfants et les amener à l'école, en subissant leur énervement et leurs chamailleries sur la banquette arrière ! Enfin, il a fallu se coltiner les embouteillages pour atteindre le bureau en étant, miracle, quand même à l'heure… Pas besoin de se demander pourquoi la plupart d'entre nous se sentent en permanence fatigués et à bout de nerfs !

Apprendre à gérer son stress

Que vous travailliez seul comme je le fais moi-même, que vous exerciez votre métier dans un magasin, dans un bureau, ou dans une usine, vous aurez toujours des stress à affronter. C'est comme ça, et on n'y peut malheureusement rien. Pour bien gérer ce problème et éviter qu'il ne devienne vraiment insupportable, il est très important d'y penser à tête reposée et de faire une sorte d'inventaire de toutes les situations considérées comme les plus stressantes. Le bavardage incessant ou certaines sollicitations de vos collègues vous énervent ou vous gênent dans votre travail ? N'avez-vous pas trop tendance à être trop exigeant envers vous-même et envers les autres ? Êtes-vous sensible au bruit ou à l'isolement ? Restez-

En cas de fatigue ou d'apathie, l'huile essentielle de citron est un bon remontant. Elle vous donnera un esprit plus positif et plus clair.

vous dans la même position trop longtemps? Votre environnement de travail est-il en cause? Il s'agit bien sûr de quelques exemples des sources les plus communes de stress: je ne doute pas que vous pourrez ajouter une foule d'autres facteurs à cette liste...

En étant un peu prévoyant et en prenant les choses calmement, je suis sûre que vous pourrez éliminer certaines causes de stress et réduire votre tension nerveuse. En fait, on subit beaucoup de choses en se disant que l'on « n'y peut rien » et, soyons un peu honnêtes, parce qu'on aime bien jouer les martyrs! Réorganisez-vous! Pour vous rendre la vie agréable, mettez toutes les chances de votre côté: mangez équilibré, dormez suffisamment, amusez-vous, faites de l'exercice, accordez-vous des moments de détente et de loisirs, communiquez avec les autres, vos proches comme vos amis... Enfin, utilisez des huiles essentielles tous les jours: elles vous aideront à supporter tous les petits problèmes de votre vie professionnelle.

À SAVOIR

Êtes-vous stressé?

Si vous présentez les symptômes suivants, il est nécessaire d'apprendre à gérer votre stress avant qu'il ne vous consume:

- Vous n'avez pas l'enthousiasme au travail, ni en famille ni avec vos amis.
- Vous êtes triste, irritable, et vous riez rarement.
- Vous penser que vous allez bientôt mourir.
- Vous avez souvent mal au dos, à la tête et au ventre.
- Vous avez des problèmes de sommeil et vous vous levez le matin aussi anxieux et fatigué que la veille.

Se détendre sur la route

Pas besoin de vous faire un dessin! On sait tous ce que c'est: les embouteillages, les coups de klaxon, la cohue dans le métro et l'heure qui n'arrête pas de tourner... Et ça recommence au moment des vacances quand vous êtes pris pendant des heures dans un bouchon... J'arrête là pour ne pas en rajouter! Sachez que vous pouvez tout à fait vous éviter ce genre de stress en créant une atmosphère positive, relaxante et gaie autour de vous. Voici comment faire pour se détendre:

• Dans un compte-gouttes, mélangez une quantité égale d'huile essentielle de menthe poivrée et d'huile essentielle de lavande. Gardez toujours le flacon à portée de main dans une boîte dans laquelle vous aurez placé aussi plusieurs boules de coton. En cas d'énervement, versez 1 goutte ou 2 sur un ou plusieurs d'entre eux et mettez-les à divers endroits de la voiture: boîte à gants, derrière le pare-soleil, dessous de sièges, etc. Vous pouvez également, aussi souvent que nécessaire, verser 1 ou 2 gouttes de ce mélange sur un mouchoir en papier pour en respirer le parfum.

• Quand vous êtes bloqué dans un embouteillage sur l'autoroute des vacances et que, malgré le parfum des huiles essentielles l'énérvement ne cesse de croître, proposez le jeu suivant à vos enfants et faites-le vous-même: dites-leur d'inspirer lentement et, dans le même temps, de lever doucement les épaules en essayant de toucher les oreilles, en expirant l'air,

Si vous êtes malade, par pitié, restez au lit et n'en bougez pas! Gardez vos germes pour vous, dites-vous que personne n'est indispensable, et ne prenez jamais le risque de contaminer vos collègues!

À SAVOIR

Vous êtes un peu fatigué ?
Quelle que soit l'origine de la fatigue, verser dans un bol 1 cuiller à soupe de sel de magnésium, 5 gouttes d'huile essentielle de lavande, 3 gouttes d'huile essentielle de citron et 2 gouttes d'huile essentielle de pamplemousse. Bien remuer pour éviter la formation de grumeaux et verser le contenu du récipient dans un bain chaud. Agiter pour que le mélange se dissolve parfaitement. Rester dans le bain aussi longtemps que souhaité.

chacun relâchera les épaules et poussera un grand soupir. Cet exercice simple de relaxation, qui permet d'évacuer le stress, amusera beaucoup vos enfants. Il vous sera également très profitable.

• Encore une autre bonne méthode pour se détendre: serrer les dents et la mâchoire en inspirant, puis relâcher en expirant.

Au travail

Votre lieu de travail est climatisé ? Vous travaillez sur ordinateur, environné d'objets en plastique et de meubles de bureau dont le revêtement dégage une odeur chimique? Au sol, il y a du linoléum ou de la moquette en matière synthétique? Autant de choses susceptibles de créer ce que j'appellerais des « stress chimiques », nocifs pour votre santé, et auxquels vous êtes confronté jour après jour. Vous pensez peut-être que vous n'y pouvez rien: ce n'est pas si sûr car, encore une fois, les huiles essentielles sont ici d'un précieux secours.

Le travail engendre également des stress dits « physiques »: obligation de rester assis ou debout toute la journée, contraintes liées à l'utilisation de machines ou d'ordinateurs, exposition aux germes en suspension dans l'air quand on travaille avec le public, etc. Pour minimiser leurs effets, faites quelques étirements musculaires pendant 1 ou 2 minutes tous les quarts d'heure. Utilisez aussi un stimulant antibactérien si l'un de vos collègues un peu souffrant est malgré tout venu travailler.

Stimulant antibactérien

1 cuiller à soupe d'huile essentielle de lavande • 1/2 cuiller à café d'huile essentielle de cyprès • 1/2 cuiller à café d'huile essentielle de romarin • 1/2 cuiller à café d'huile essentielle d'eucalyptus

Verser les huiles essentielles dans un flacon et agiter vigoureusement. Si possible, laisser reposer quatre jours, afin que les essences amplifient leurs effets par synergie.

Utilisation

Utiliser le mélange dans un diffuseur posé près de vous.

Verser 2 gouttes de produit sur un mouchoir pour respirer son parfum aussi souvent que nécessaire.

Si possible, prendre une douche rapide dans la journée, et utiliser ce mélange d'huiles essentielles dans une eau de toilette. Les ions positifs seront dépolarisés et transformés en ions négatifs antistress.

Sous les pieds, poser un tapis de pure laine vierge sur lequel aura été vaporisé un peu de produit.

En cas de baisse d'énergie, rien de mieux que l'huile essentielle de lavande!

Parfum d'ambiance « fraîcheur vivifiante »

1 cuiller à café d'huile essentielle de citron • 1/2 cuiller à café d'huile essentielle de lavande • 1/2 cuiller à café d'huile essentielle de pamplemousse • 1/2 cuiller à café d'huile essentielle de cyprès

Verser les huiles essentielles dans un flacon et agiter vigoureusement. Si possible, laisser reposer quatre jours, afin que les essences amplifient leurs effets par synergie.

Utilisation

Ajoutez ce produit dans un diffuseur ou dans les saturateurs des radiateurs.

Stimulant anti-fatigue « points de pouls »

2 cuillers à soupe d'huile d'amande douce • 10 gouttes d'huile essentielle de bergamote • 10 gouttes d'huile essentielle de citron • 10 gouttes d'huile essentielle de romarin

Verser les ingrédients dans un flacon et agiter vigoureusement. Si possible, laisser reposer quatre jours, afin que les différentes substances amplifient leurs effets par synergie.

Utilisation

Avec un peu de ce produit, masser les tempes, le front et les points de pouls des poignets et du cou.

Aussi souvent que nécessaire, verser quelques gouttes de ce mélange sur un mouchoir en papier et respirer le parfum pour surmonter une petite baisse de régime.

Ajouter un peu de ce stimulant dans une eau de toilette. En cas de tension ou de chaleur excessive, se frotter les mains, les bras et le cou.

Mélange « détente spécial tertiaire »

2 cuillers à café d'huile essentielle de citron • 1 cuiller à café d'huile essentielle de cyprès • 1 cuiller à café d'huile essentielle de cèdre • 1 cuiller à café d'huile essentielle de pin

Verser les huiles essentielles dans un flacon et agiter vigoureusement. Si possible, laisser reposer quatre jours, afin que les essences amplifient leurs effets par synergie.

Utilisation

Ce mélange d'huiles essentielles stimule les effets bénéfiques des ions négatifs. Généralement apprécié par tous, il fera diminuer l'irritabilité et la susceptibilité de chacun. Il détendra instantanément l'atmosphère dans un bureau où l'ambiance est un peu guindée. Versez quelques gouttes de produit sur un chiffon que vous passerez sur votre bureau et sur celui de vos collègues, s'ils sont d'accord. Dans un petit vaporisateur, mélangez 10 gouttes de produit à 1 cuiller à café de vodka.

À SAVOIR

Huile « soulagement de la fatigue physique »

1 cuiller à soupe d'huile de pépins de raisin • 10 gouttes d'huile essentielle de lavande • 3 gouttes d'huile essentielle de citron • 5 gouttes d'huile essentielle de sauge sclarée

Mélanger toutes les huiles essentielles dans un petit flacon et agiter vigoureusement. Si possible, laisser reposer quatre jours, afin que les différentes substances amplifient leurs effets par synergie. Sinon, le produit est utilisable immédiatement.

Il est également possible d'ajouter toutes ces huiles essentielles dans de l'alcool ou dans de l'eau pour profiter de leurs bienfaits dans un désodorisant ou un brûle-parfum.

Traitement

Mélanger 1 cuiller à café de ce remède dans un bol avec un peu d'eau tiède pour faire un massage corporel. En cas de faiblesse extrême, masser seulement les pieds, les jambes, les mains et les bras du sujet. Les substances actives des huiles essentielles pénétreront également dans son organisme et auront les mêmes effets bénéfiques.

À SAVOIR

Épuisement

C'est une sensation d'abattement profond bien plus intense qu'une simple fatigue. L'épuisement, qu'il soit physique ou nerveux, est un problème grave qui est souvent le symptôme d'une affection grave. Si les traitements que je vous propose ne donnent aucun résultat positif, je ne saurais trop vous conseiller d'aller consulter un médecin.

À SAVOIR

Contre l'épuisement physique

- Géranium,
- Lavande,
- Menthe poivrée.

Contre l'épuisement nerveux

- Encens,
- Menthe poivrée,
- Sauge sclarée.

L'essence de pin apporte du réconfort. Elle nous rassure sur notre valeur et nous pousse à puiser dans nos propres ressources. Elle nous donne de la force quand on se sent vulnérable ou lorsqu'on manque de confiance en soi.

Laissez reposer un jour, puis remplissez d'eau. Vaporisez dans l'air à proximité de votre poste de travail. Verser quelques gouttes de ce produit dans un diffuseur d'atmosphère ou dans les saturateurs des radiateurs.

« Le creux de l'après-midi »

3 cuillers à café d'huile d'amande douce • 6 gouttes d'huile essentielle de romarin • 4 gouttes d'huile essentielle de lemon-grass • 2 gouttes d'huile essentielle de basilic

Verser les ingrédients dans un flacon et agiter vigoureusement. Si possible, laisser reposer quatre jours, afin que les différentes substances amplifient leurs effets par synergie.

Utilisation

Idéal pour se rafraîchir les idées dans l'après-midi, ce produit éliminera toute impression de fatigue et de somnolence après le déjeuner!

Verser 1 à 2 gouttes sur les points de pouls des poignets et du cou. Masser doucement et respirer un peu le parfum.

Aussi souvent que désiré, verser un peu de produit sur un mouchoir en papier pour en humer le parfum.

Épuisement et surmenage

Votre entourage vous avait pourtant prévenu... Tout le monde, et même peut-être votre supérieur hiérarchique, vous avait conseillé de ralentir la cadence! Pourtant, vous vous sentiez fort et vaguement invincible. Peut-être pensiez-vous que le monde allait s'écrouler si vous baissiez le rythme! Voilà maintenant le résultat: vous êtes tellement épuisé, mentalement et physiquement, que vous êtes vidé et sans énergie dès le matin. Allez, il n'est jamais trop tard pour commencer à prendre soin de vous! Commencez d'abord par réaliser certains changements dans votre style de vie:

- Allégez votre charge de travail.
- Mangez beaucoup de fruits et d'aliments naturels. Ne vous mettez pas à table quand vous êtes énervé ou extrêmement fatigué. Attendez un moment plus propice, quand vous serez un peu plus calme: votre organisme sera ainsi mieux à même d'assimiler les aliments que vous lui donnerez.
- Dormez au moins 8 heures par nuit.
- Dans la mesure du possible, évitez de vous confronter à des personnes ou à des situations négatives.
- Prenez le temps de lire le journal ou de regarder les informations télévisées, en vous disant que le monde n'a pas besoin de vous pour continuer à tourner!

• Accordez-vous des moments de solitude et de réflexion, en vous isolant de gens qui accaparent votre temps et votre énergie.
• N'ayez pas peur de demander de l'aide et de parler de vos problèmes aux autres.

« Huile spéciale contre le surmenage »

1 cuiller à café d'huile de pépins de raisin • 1 cuiller à café d'huile essentielle de lavande • 1/2 cuiller à café d'huile essentielle de pamplemousse • 1/2 cuiller à café d'huile essentielle de citron • 1/2 cuiller à café d'huile essentielle de santal

Verser les ingrédients dans un flacon et agiter vigoureusement. Si possible, laisser reposer quatre jours, afin que les différentes substances amplifient leurs effets par synergie.

Utilisation

Vous pouvez indifféremment utiliser ce produit comme huile de bain ou de massage, ou inclure ce mélange d'huiles essentielles dans un vaporisateur, un brûle-parfum ou une eau de toilette. Prenez le temps de faire un ou deux massages hebdomadaires avec cette huile. S'ils sont effectués par un kinésithérapeute, ils vous remettront encore plus vite en forme. À défaut, demandez à votre partenaire ou à un proche, c'est tellement agréable de se faire masser.

Stress des enfants et des ados

Les enfants et les adolescents aussi ont des stress à assumer! Grâce aux essences de plantes, ils travailleront mieux à l'école et leur vie scolaire sera plus épanouie: étant mère de famille, je sais par expérience qu'ils sont plus réceptifs que les adultes aux effets des huiles essentielles. Évitez de leur confier un flacon contenant un remède d'aromathérapie avant l'âge de 10 ans. Versez plutôt quelques gouttes de produit sur des bouts de coton que vous glisserez dans un sachet en papier ou dans la poche d'un vêtement. Ainsi, ils pourront en respirer le parfum de temps en temps.
Toutes les suggestions figurant dans ce chapitre pourront être appliquées aux enfants, après avoir bien sûr adapté leur dosage à leur âge.

« Pause parfumée pour mademoiselle »

1 cuiller à café d'huile essentielle de lavande • 1/2 cuiller à café d'huile essentielle de bergamote • 1/2 cuiller à café d'huile essentielle de géranium • 20 gouttes d'huile essentielle de menthe poivrée • 20 gouttes d'huile essentielle de sauge sclarée

À SAVOIR

Remède contre l'épuisement physique

1 cuiller à soupe d'huile de pépins de raisin • 10 gouttes d'huile essentielle de géranium • 3 gouttes d'huile essentielle de lavande • 3 gouttes d'huile essentielle de menthe poivrée

Verser tous les ingrédients dans un petit flacon et agiter vigoureusement. Laisser reposer quatre jours avant utilisation, afin que les différentes substances amplifient leurs effets par synergie.
Il est également possible d'ajouter toutes ces huiles essentielles dans de l'alcool ou dans de l'eau pour profiter de leurs bienfaits dans un désodorisant ou un diffuseur.

Traitement

Verser 1 cuiller à soupe de ce produit dans un bol rempli d'eau tiède. Si le malade est trop faible pour supporter un massage corporel complet, frictionner seulement ses mains ou ses pieds. Les substances actives des huiles essentielles pénétreront également dans son organisme et auront les mêmes effets bénéfiques. Pour un bain ou un bain de pieds, verser 2 cuillers à soupe de produit dans l'eau chaude. Agiter pour bien mélanger et laisser le malade pendant 30 minutes. Utiliser les gouttelettes en suspension pour un massage doux qui fera pénétrer les substances actives dans sa peau.

À SAVOIR

Huile de base contre le stress

3 cuillers à soupe d'huile d'amande douce • 50 gouttes d'huiles essentielles de votre choix (camomille, lavande, encens, pamplemousse, citron...)

Mélanger les huiles essentielles dans un petit flacon et agiter vigoureusement. Laisser reposer quatre jours avant utilisation afin que les différentes substances amplifient leurs effets par synergie.

Traitement

- À l'aide de quelques gouttes de produit, masser quelques points « stratégiques » comme le cou ou les poignets. Garder le flacon à portée de main pour respirer l'odeur des huiles essentielles de temps en temps.
- Verser 2 cuillers à café de produit dans un bain tiède juste avant de pénétrer dans l'eau. Remuer pour bien disperser les huiles essentielles.
- Prendre souvent des douches, car l'eau transforme les ions positifs déprimants en ions négatifs énergisants. Mettre 1 goutte de produit sur un gant humide et frotter l'ensemble du corps en sortant de la douche.
- Utiliser les huiles essentielles dans un brûle-parfum ou dans un pulvérisateur.

Verser les huiles essentielles dans un flacon et agiter vigoureusement. Si possible, laisser reposer quatre jours, afin que les différentes essences amplifient leurs effets par synergie. Conserver dans un endroit frais et à l'abri de la lumière.

Utilisation

C'est un excellent stimulant pour être en grande forme dès le matin ! Vous profiterez de ses bienfaits de nombreuses manières.

• Dans une huile corporelle appliquée sur la peau sèche, mélanger 5 gouttes de produit à 1 cuiller à café d'huile d'amande douce.

• Après la douche, sur la peau encore humide, passer un gant humecté d'eau sur lequel on aura versé de 2 à 3 gouttes de produit. Attention, après avoir ajouté les essences, il faudra bien malaxer le gant pour répartir les substances actives.

• Imbiber un bout de coton de 2 à 3 gouttes de mélange, puis glisser celui-ci dans le soutien-gorge : la chaleur du corps libérera les vapeurs d'huiles essentielles.

• Verser 2 à 3 gouttes de produit sur un bout de coton, puis glisser celui-ci dans le sac à main : à chaque ouverture, d'enchanteresses odeurs flatteront les narines !

• Verser 2 à 3 gouttes de produit sur un mouchoir en papier. Respirer le parfum pour avoir le cœur à l'ouvrage au moment des examens...

• Ajouter 5 gouttes de produit dans un atomiseur, puis diluer avec 50 ml d'eau. Agiter vigoureusement et utiliser comme brumisateur de visage, en fermant bien sûr les yeux.

« Pause parfumée pour jeune homme »

1 cuiller à café d'huile essentielle de bergamote • 1 cuiller à café d'huile essentielle de citron • 1/2 cuiller à café d'huile essentielle de romarin • 1/2 cuiller à café d'huile essentielle de cèdre

Verser les huiles essentielles dans un flacon et agiter vigoureusement. Si possible, laisser reposer quatre jours, afin que les différentes essences amplifient leurs effets par synergie. Conserver dans un endroit frais et à l'abri de la lumière.

Utilisation

• Ajouter un peu de produit dans une lotion d'après-rasage.

• Dans une huile corporelle appliquée sur la peau sèche, mélanger 5 gouttes de produit à 1 cuiller à café d'huile d'amande douce.

• Après la douche, sur la peau encore humide, passer un gant humecté d'eau sur lequel on aura versé de 2 à 3 gouttes de produit. Attention, après avoir ajouté les essences, il faudra bien malaxer le gant pour répartir les substances actives.

• Imbiber un bout de coton de 2 à 3 gouttes de mélange, puis glisser celui-ci dans la poche : la chaleur du corps libérera les vapeurs d'huiles essentielles.
• En cas de petit passage à vide dans la journée, verser 2 à 3 gouttes de produit sur une boule de coton, puis glisser celle-ci dans votre poche.
• Verser 2 à 3 gouttes de produit sur un mouchoir en papier. Respirer le parfum avant de passer un examen ou d'écrire un devoir important.
• Ajouter 5 gouttes de produit dans un atomiseur, puis diluer avec 50 ml d'eau. Agiter vigoureusement et utiliser comme brumisateur de visage, en fermant bien sûr les yeux.

À SAVOIR

Un effet insolite de l'huile essentielle de citron
Selon une étude sérieuse, la délicieuse senteur de l'huile essentielle de citron diviserait par deux les erreurs des employés faisant de la saisie sur ordinateur !

L'encens apporte un peu de spiritualité dans notre monde tristement matérialiste.

En voyage

On rêve de plus en plus de vacances dans des pays lointains. Mais patatras, faute d'une préparation suffisante et de précautions élémentaires, le cauchemar commence à peine assis dans l'avion ou sur le siège de la voiture…

À SAVOIR

Prévenir les nausées dans les transports

- Pour prévenir la nausée, versez quelques gouttes d'huiles essentielles de lavande et de menthe poivrée sur une boule de coton. Placez-les n'importe où dans la garniture des portes avant ou arrière du véhicule.
- De 30 minutes à 1 heure avant de partir, avalez 2 gélules de gingembre (en vente en pharmacie ou dans des magasins diététiques). Vous pouvez également mâcher du gingembre confit pour calmer vos nausées.

Quelques conseils basiques

Voici quelques conseils pour que votre séjour soit ce qu'il devrait être, c'est-à-dire un enchantement:

- Les premiers jours, veillez à avoir l'alimentation la plus simple possible.
- Dans les pays à risque, lavez les fruits et mangez seulement des fruits préalablement pelés.
- Prenez des cachets d'acidofilus, en suivant les doses recommandées sur l'emballage.
- Buvez exclusivement des boissons en bouteille capsulées, de préférence de l'eau minérale en bouteille en verre. Recrachez une eau qui a le moindre goût douteux ou un arrière-goût de plastique.
- Brossez-vous les dents en utilisant de l'eau minérale.
- Dans les pays chauds, évitez les fruits de mer, les salades, les légumes crus, le lait frais (préférez-le en poudre) et la crème fraîche.
- Résistez à la tentation de manger les sandwichs que proposent les vendeurs à la sauvette.
- Utilisez le liquide désinfectant en cas de risque infectieux.

Pour respirer le parfum des huiles essentielles, versez 1 à 2 gouttes sur un mouchoir en papier. Renouvelez l'opération aussi souvent que nécessaire.

Mal des transports

Le fait d'avoir la nausée en voiture, en bateau, ou en avion peut faire regretter d'avoir quitté son domicile! Mais cela ne devrait pas gâcher votre voyage, car il y a moyen d'y remédier. Avant d'effectuer un long trajet, j'emporte une bouteille d'1/2 litre d'eau dans laquelle j'ajoute 2 cuillers à café de miel et 2 gouttes d'huile essentielle de menthe poivrée. J'agite bien avec l'emploi et j'en bois 1/2 verre dès que je me sens mal. Le remède est souverain! Voici les doses recommandées:

- Enfant de 2 à 5 ans: 1 cuiller à café de produit dilué dans 1/4 de verre d'eau.
- Enfant de 5 à 12 ans: 2 cuillers à café de produit dilué dans 1/4 de verre d'eau.

- Enfant de 12 à 16 ans: 1/4 de verre de produit pur.
- Adulte: 1/2 verre de produit pur.

Vol aérien

Même si les statistiques démontrent que l'on a moins de risque de mourir dans un accident d'avion qu'en prenant sa voiture ou même le train, cette peur n'en est pas moins réelle.

Avant tout, il existe quelques trucs simples à faire avant de prendre l'avion. Grâce à eux, peut-être arriverez-vous à destination sans être blanc comme un linge, et pourquoi pas, en ayant surmonté votre phobie de l'air!

- À bord, buvez beaucoup d'eau et de jus de fruit. Résistez à la tentation de noyer votre angoisse dans l'alcool, même si l'hôtesse vous l'offre!
- Portez des chaussures aérées ou, encore mieux, des sandales, afin d'éviter que vos pieds n'enflent pendant ce long voyage.
- Marchez toutes les 30 minutes dans l'allée: cela évacue le stress et soulage l'envie de vomir. Penser à demander une place côté couloir afin de ne pas importuner sans cesse vos voisins.
- Sur un mouchoir, versez quelques gouttes d'huile essentielle d'eucalyptus. Respirez le parfum profondément si vous avez des haut-le-cœur pendant la traversée de zones de turbulence et lors de la descente.

Si la perspective de devoir passer plusieurs heures dans le ciel vous hante malgré tout, il vous suffit d'utiliser, la semaine avant votre départ, le mélange d'huiles essentielles suivant:

« Préparation au départ »

1 cuiller à café d'huile essentielle de lavande • 1/2 cuiller à café d'huile essentielle de bergamote • 1/2 cuiller à café d'huile essentielle de géranium • 40 gouttes d'huile essentielle de santal

Verser les huiles essentielles dans un flacon et agiter vigoureusement. Si possible, laisser reposer quatre jours, afin que les essences amplifient leurs effets par synergie.

Utilisation

Dans un grand bain tiède, mélangez 10 gouttes de produit dans 1 cuiller à café d'huile végétale quelconque.

En sortant de la douche, avant de vous sécher, passez vivement un gant humide sur lequel vous aurez ajouté 3 gouttes de mélange.

Pour un massage corporel, versez 4 gouttes de produit et

À SAVOIR

Huile de soin des coups de soleil

1 cuiller à soupe de gel d'aloès • 1 cuiller à café d'huile de pépins de raisin • 20 gouttes d'huile essentielle de lavande

Mélanger les ingrédients dans un petit flacon. Agiter avant l'emploi.

Traitement

En cas de coup de soleil sur le crâne ou sur le visage, appliquer des compresses fraîches (voir L'aromathérapie pratique, Les méthodes de A à Z, p. 153) imbibées d'huile essentielle de lavande ou de camomille.

Dans un bol, verser 1 cuiller à soupe d'huile végétale et 10 gouttes d'huile essentielle de camomille ou de lavande, puis jeter le mélange dans un bain froid. Remuer l'eau pour bien disperser le produit et rester 15 à 30 minutes dans la baignoire. Tamponner à l'aide d'une serviette pour sécher la peau, puis appliquer très doucement l'huile de soin sur les coups de soleil.

Utiliser de l'huile essentielle de lavande sur les éventuels boutons de soleil.

L'essence de camomille est efficace pour calmer la nervosité des bébés et des enfants.

À SAVOIR

Quand est-ce qu'on arrive?

Si vous voyagez avec vos enfants, ils ne manqueront pas de vous poser cette irritante question toutes les deux secondes! Moi, j'ai trouvé un truc: je dis à mes enfants que celui qui ne me demandera pas si on arrive bientôt aura un cadeau. Parfois, ça marche…

Voici des conseils autrement plus efficaces:

- Arrêtez-vous toutes les heures environ dans un parc, une aire récréative ou un endroit quelconque où vos enfants pourront gambader sans danger et se dépenser. La moyenne s'en ressentira, c'est vrai, mais le trajet en voiture sera nerveusement moins éprouvant pour tout le monde!
- Préparez une gourde ou une bouteille remplie d'infusion de menthe pour calmer leur envie de vomir.

À SAVOIR

Soulager les maux de tête

L'alternance de bains de pieds froids et chauds soulage souvent les maux de tête. L'inhalation est également très efficace. Dans ce cas, mélanger 2 gouttes d'huile essentielle de lavande ou de marjolaine à 2 cuillers à soupe de vinaigre bien chaud.

I cuiller à café d'huile de pépins de raisin dans un bol rempli d'eau tiède. Utilisez le produit dans un vaporisateur ou dans un diffuseur.

Diluez 8 gouttes de mélange d'huiles essentielles dans 2 cuillers à café d'huile de pépins de raisin. Transvasez dans un compte-gouttes et agitez vigoureusement. Appliquez ce mélange sur les points de pouls du poignet et du cou. Massez légèrement.

Relaxant « anti-angoisse de l'air »

60 gouttes d'huile essentielle de lavande • 60 gouttes d'huile essentielle de géranium • 40 gouttes d'huile essentielle de pamplemousse • 1 cuiller à café de vodka

Verser les huiles essentielles dans un vaporisateur ou dans un petit flacon doté d'un bouchon. Agiter vigoureusement. Si possible, laisser reposer quatre jours, afin que les différentes essences amplifient leurs effets par synergie.

Utilisation

Ce mélange d'huiles essentielles convient aussi bien aux adultes qu'aux sujets de plus de 2 ans, à condition d'être utilisé en petites quantités (une petite pression sur le vaporisateur suffira). Il sera très utile si l'un d'entre vous a peur en avion. Vous pouvez aussi l'utiliser en cas de fatigue ou si vous vous sentez nerveux. Voici quelques-unes des manières de s'en servir:

Vaporisez un peu de mélange d'huiles essentielles sur un mouchoir et respirez son parfum aussi souvent que nécessaire.

Si l'idée d'être à plusieurs milliers de pieds au-dessus du plancher des vaches vous angoisse, trempez un gant de toilette ou un mouchoir dans de l'eau très chaude, essorez, vaporisez un peu de produit (l'équivalent d'1 à 2 gouttes), puis passez le linge sur vos mains et sur votre visage: la chaleur produira un effet relaxant quasi instantané. Mettez aussi ce gant sur la nuque, c'est extrêmement efficace dans ce cas.

Relaxant « spécial enfants en bas âge »

1 cuiller à soupe d'huile de pépins de raisin • 2 gouttes d'huile essentielle de lavande • 3 gouttes d'huile essentielle de camomille

Verser tous les ingrédients dans un flacon et agiter vigoureusement. Si possible, laisser reposer quatre jours, afin que les différentes substances amplifient leurs effets par synergie.

Utilisation

En voyage, les enfants trouvent facilement le temps long. Alors, ils s'énervent, se mettent à pleurer ou se chamaillent.

Ce produit devrait les relaxer et vous détendre par la même occasion. Il est adapté aux enfants de plus d'1 an. Si votre bébé n'a pas atteint cet âge, oubliez l'essence de lavande et mélangez seulement 2 gouttes d'huile essentielle de camomille dans 1 cuiller à soupe d'huile de pépins de raisin. Vous utiliserez un peu de ce produit pour masser doucement les bras et les jambes de votre enfant. Vos gestes tendres devront toujours se diriger vers le cœur.
Une autre possibilité, plus simple: versez quelques gouttes de produit sur un mouchoir en papier et demandez à votre enfant d'en respirer le parfum.

Soin des jambes lourdes et des pieds enflés

2 cuillers à café 1/2 de gel neutre • 10 gouttes d'huile essentielle de menthe poivrée • 5 gouttes d'huile essentielle de lavande

Mélanger très soigneusement le gel et les huiles essentielles (à moins d'aimer les pâtes grumeleuses!), puis transvaser dans un pot.

Utilisation

Appliquez du gel sur vos jambes et vos pieds aussi souvent que vous le souhaitez. Attention, il faut laisser le temps au produit de pénétrer sans avoir recours à un massage!
Si ce gel est destiné à votre enfant, utilisez de l'huile essentielle de menthe verte plutôt que de l'essence de menthe poivrée.

À SAVOIR

Les ampoules

Petit bobo sans importance, une ampoule peut néanmoins s'infecter. Il faudra toujours veiller à la soigner en respectant les règles élémentaires d'asepsie.

Traitement

Sur un linge propre ou une compresse, verser 2 gouttes d'huile essentielle de lavande et 2 gouttes d'huile essentielle de tea-tree. Tamponner doucement l'ampoule et prenant soin de ne pas la faire éclater ni de la percer, sauf si sa taille est trop importante. Dans ce cas, utiliser une aiguille préalablement stérilisée à la flamme, puis presser doucement l'ampoule avec un bout de coton. Ajouter ensuite 1 goutte d'huile essentielle de lavande, puis couvrir d'un pansement lâche.

Décalage horaire

C'est un miracle qui se renouvelle des centaines de fois chaque jour: en quelques heures, des avions transportent des hommes à l'autre bout de la planète. Notre corps a du mal à suivre le rythme: il a besoin de temps pour s'adapter au décalage horaire. Voici quelques conseils pour jouer à saute-mouton avec les fuseaux:

- Le jour de votre arrivée, attendez le soir pour dormir.
- Buvez beaucoup d'eau minérale, mais jamais d'alcool.
- Quand vous irez vous coucher, versez 1 goutte d'huile essentielle de camomille et 1 goutte d'huile essentielle de lavande sur un mouchoir que vous glisserez sous la taie d'oreiller. Faites la même chose pour calmer l'éventuelle surexcitation des enfants et les aider à s'endormir.

Dans une huile de bain, l'essence de pamplemousse constituera un excellent remède pour se remettre de la fatigue d'un voyage.

Bouquet d'essences « remise à l'heure »

60 gouttes d'huile essentielle de pamplemousse • 60 gouttes d'huile essentielle de géranium • 60 gouttes d'huile essentielle de camomille

> **À SAVOIR**
>
> **Huile de soin des maux de tête**
>
> *1 cuiller à soupe d'huile de pépins de raisin • 8 gouttes d'huile essentielle de lavande • 5 gouttes d'huile essentielle de marjolaine • 3 gouttes d'huile essentielle de menthe poivrée*
>
> Verser tous les ingrédients dans un petit flacon et agiter vigoureusement. Laisser reposer quatre jours avant utilisation, afin que les différentes substances amplifient leurs effets par synergie.
>
> Il est également possible d'ajouter toutes ces huiles essentielles dans de l'alcool ou dans de l'eau pour profiter de leurs bienfaits dans un désodorisant ou un diffuseur.
>
> **Traitement**
>
> Masser les tempes et la nuque avec un peu d'huile. Veiller à ce que le produit n'entre jamais en contact avec les yeux.
>
> Dans un bain tiède, verser 2 cuillers à café d'huile et agiter l'eau pour bien disperser le produit. Rester 30 minutes dans la baignoire, en inhalant les vapeurs d'huiles essentielles. Se masser la nuque et le front avec les gouttelettes en suspension.

Verser les huiles essentielles dans un flacon et agiter vigoureusement. Si possible, laisser reposer quatre jours, afin que les essences amplifient leurs effets par synergie.

Utilisation

Dès votre arrivée, faites couler un bain en y ajoutant 10 gouttes de produit mélangées à 1 cuiller à café d'huile végétale. Agiter la surface de l'eau pour bien disperser le produit.

Si vous préférez prendre une douche, versez 1 ou 2 gouttes de produit sur un gant de toilette humecté d'eau très chaude. Passez-le énergiquement sur l'ensemble de votre corps, en évitant bien sûr des parties génitales.

Bien sûr, ces suggestions valent également pour le trajet du retour !

Bouquet d'essences « sommeil facile »

60 gouttes d'huile essentielle de lavande • 60 gouttes d'huile essentielle de géranium • 60 gouttes d'huile essentielle de camomille

Verser les huiles essentielles dans un flacon et agiter vigoureusement. Si possible, laisser reposer quatre jours, afin que les essences amplifient leurs effets par synergie.

Utilisation

Vous utiliserez ce mélange d'huiles essentielles de la même manière que le bouquet d'essences « remise à l'heure ».

Pour un massage corporel après la douche, versez 6 gouttes de ce produit dans un flacon de 15 ml rempli d'huile de massage de base (voir p. 100).

Le massage aromatique

Cela fait des siècles que l'on pratique la science du massage pour améliorer le mouvement des membres, tonifier ou échauffer les muscles, et améliorer plus généralement l'état de santé des individus.

Une stimulation positive pour l'organisme

Les différents systèmes internes du corps humain sont très réceptifs aux massages. Ils stimulent notamment la circulation sanguine et la circulation lymphatique, ce qui favorise le renouvellement des cellules de la peau et accélère l'élimination des toxines et des déchets accumulés dans l'organisme. Leurs effets sur le système nerveux n'est pas des moindres. Cette sorte de quiétude vaguement euphorique que vous allez découvrir est justement due, au moins en partie, aux gestes du masseur qui détendent les terminaisons nerveuses de certaines régions de votre corps.
Mais l'effet le plus spectaculaire d'un massage s'observe évidemment sur les muscles: c'est pourquoi les soigneurs sont tellement indispensables à tous les sportifs de haut niveau! Les massages aident vos muscles à s'étirer, ce qui réduit le risque de crampes et d'élongations. Ils accélèrent également la guérison des entorses et des foulures à la suite d'un faux mouvement.
Le massage permet en outre d'éliminer rapidement ce que les gens du métier appellent les « nœuds de tension ». Après une séance chez un kinésithérapeute, on ressent une étonnante sensation de légèreté et de souplesse dans les épaules, le haut du dos ou la nuque. Il s'agit là d'autant de régions particulièrement sujettes aux raideurs dont beaucoup de gens se plaignent. Un massage réduira ici le risque de douleurs ou d'ankylose qui peuvent vite se transformer, si l'on n'y prend garde, en maux de tête ou en cette fâcheuse impression d'avoir le crâne pris dans un étau.
Les massages abdominaux, enfin, vont favoriser votre digestion. Ils sont particulièrement indiqués en cas de constipation ou de ballonnements.

Informez-vous !

Comme je voudrais être sûre que vous profiterez de tous les bienfaits d'un massage aromatique, je vous recommande d'ap-

À SAVOIR

Les bienfaits du massage
Les bienfaits du massage sont innombrables. Ils ne concernent pas seulement la peau, les muscles ou les articulations du corps. Donnant une impression de bien-être, ils font oublier les soucis et possèdent un grand impact psychologique.

Seules les huiles essentielles de lavande et de tea-tree peuvent être utilisées non diluées. Cependant, même avec ces essences dénuées de toxicité, limitez-vous à des applications locales sur des zones très limitées de l'épiderme.

À SAVOIR

Se rapprocher

Un massage corporel est un moment pendant lequel deux personnes se retrouvent dans une même situation apaisante, celle de se toucher et d'avoir un contact physique. Certaines personnes âgées l'acceptent mal parfois, mais vous pourrez leur faire aussi beaucoup de bien en leur massant simplement les épaules, ou en leur préparant un bain de pieds.

prendre les techniques de base et les gestes essentiels. Il existe un grand nombre d'excellents livres sur le sujet. Lisez-les, vous ne le regretterez pas!

Les huiles essentielles de massage

Comme je l'ai déjà dit, je ne connais guère de soin plus agréable qu'un massage. Le plaisir et l'impression de bien-être seront décuplés si vous utilisez une huile, une crème ou une lotion dans laquelle vous aurez ajouté des huiles essentielles. Les molécules des essences de plantes sont suffisamment petites pour pénétrer dans la peau. Parvenues dans l'épiderme, elles dissolvent les amas graisseux avant de passer dans le sang qui les achemine dans les différents systèmes de l'organisme. Lors d'un massage, on inhale également leur arôme, si bien que les substances actives atteignent les voies respiratoires et les poumons. Parce qu'elles pénètrent dans le corps de manières aussi diverses, elles sont capables de soulager et même de soigner toutes sortes de choses: problèmes cutanés, sanguins, articulaires, musculaires, digestifs, génito-urinaires, endocriniens, immunitaires ou nerveux.

Sauf rares exceptions, toutes les huiles essentielles possèdent des propriétés thérapeutiques. Certaines sont simplement plus efficaces que les autres.

Savoir choisir son huile essentielle

Pour commencer, l'essence de lavande me paraît le meilleur choix: elle possède à la fois de très nombreuses utilisations tout en ne présentant aucun danger pour toute la famille. Les huiles essentielles de camomille et de géranium sont également très utiles: vous en aurez très souvent besoin pour préparer des remèdes et des soins.

Dans le tableau ci-contre, vous trouverez seulement les huiles essentielles les plus efficaces pour soigner un problème donné. Sans doute dénicherez-vous d'autres essences aux propriétés similaires, mais les énumérer toutes risquerait de vous embrouiller!

Pour un panorama complet et exhaustif des propriétés des huiles essentielles, reportez-vous au chapitre Les huiles, p. 12, en première partie de cet ouvrage.

Les huiles essentielles pour vos massages thérapeutiques

Problèmes	**Huiles essentielles et végétales**
Arthrite et rhumatisme	Benjoin, cèdre, camomille, eucalyptus, gingembre, marjolaine, poivre et romarin.
Asthme	Camomille, cyprès, eucalyptus, encens, lavande, menthe poivrée et thym.
Bronchite et toux	Cèdre, eucalyptus, lavande, marjolaine, menthe poivrée, pin, romarin, tea-tree et thym.
Colique et diarrhée	Camomille, fenouil, gingembre, lavande, marjolaine, menthe poivrée et poivre.
Constipation	Fenouil, marjolaine, orange et poivre.
Crampe musculaire	Cyprès, lavande, marjolaine, poivre et romarin.
Douleur	Poivre.
Douleur et raideur musculaire	Camomille, eucalyptus, genièvre, gingembre, lavande, marjolaine, poivre et romarin.
Élimination des toxines	Angélique, fenouil, pamplemousse et poivre.
Entorse et foulure	Camomille, lavande, marjolaine et poivre.
Frigidité	Bois de rose, jasmin, néroli, patchouli, rose, santal et ylang-ylang.
Indigestion et flatulence	Badiane, camomille, fenouil, lavande, orange et menthe poivrée.
Problème du tractus urinaire	Cèdre, eucalyptus, lavande et pin.
Rétention d'eau	Angélique, cyprès, fenouil, genièvre, pamplemousse et romarin.

À SAVOIR

Contre-indications et dosages

Il existe des huiles essentielles que vous devrez éviter si vous êtes enceinte ou sujet à des crises d'épilepsie. Avant d'utiliser une essence de plante, vérifiez bien les éventuelles contre-indications figurant dans la première partie de cet ouvrage. Respectez aussi à la lettre les proportions et les dosages.

L'huile essentielle d'eucalyptus soulagera des muscles endoloris ou blessés.

À SAVOIR

Huile de massage « dos endolori »

1 cuiller à café d'huile d'amande douce • 2 gouttes d'huile essentielle de romarin • 1 goutte d'huile essentielle de poivre • 1 goutte d'huile essentielle d'eucalyptus

Verser tous les ingrédients dans un petit flacon et agiter vigoureusement.

Traitement

Utiliser le produit pour masser l'ensemble du corps en s'attardant plus particulièrement sur le haut et le bas du dos.

L'huile essentielle de poivre est recommandée en cas d'arthrites et de rhumatismes.

Problèmes	Huiles essentielles et végétales
Stimulation de la circulation sanguine	Eucalyptus, gingembre, poivre et romarin.
Stimulation du système immunitaire	Bois de rose, eucalyptus, lavande, manuka et tea-tree.
Stress et tension nerveuse	Cèdre, camomille, cyprès, genièvre, géranium, lavande et menthe poivrée.
Tissu distendu et rides	Marjolaine, pamplemousse, poivre et romarin.

Produits de massage

Quand vous préparerez votre huile de massage de base, faites les choses en grand! Prévoyez 10 cl de produit pour les répartir ensuite dans 4 flacons de 25 ml. Ainsi, après avoir ajouté le mélange d'essences de votre choix, vous obtiendrez autant de remèdes différents. Veillez à respecter les proportions, c'est-à-dire 16 gouttes d'huiles essentielles dans chaque récipient. L'huile de germe de blé ne doit pas être négligée: elle évitera que vos remèdes ne rancissent.
De la même manière, vous pouvez préparer de la crème de massage en plus grande quantité que celle indiquée ci-dessous, puis la répartir dans 4 pots lorsque vous lui ajouterez des huiles essentielles. Dans ce cas, ajoutez 25 gouttes d'essence dans chaque préparation.

Huile de massage de base

3 cuillers à soupe d'huile de pépins de raisin • 3 cuillers à café d'une huile infusée de votre choix (ou 3 cuillers à café d'huile de pépins de raisin) • 2 cuillers à café d'huile d'amande douce • 2 cuillers à café d'huile d'avocat • 1 cuiller à café d'huile de germe de blé • 64 gouttes d'huiles essentielles

Verser les ingrédients dans un flacon et agiter vigoureusement. Si possible, laisser reposer quatre jours, afin que les différentes substances amplifient leurs effets par synergie.

Crème de massage de base

1 cuiller à soupe 1/2 d'huile d'olive • 130 g d'huile de coco ou de coprah (ou d'une autre huile végétale solide) • 100 gouttes d'huiles essentielles

Faire chauffer l'huile végétale solide et l'huile d'olive. Laisser refroidir, puis incorporer ensuite les huiles essentielles goutte après goutte pour éviter la formation de grumeaux. Continuer à remuer le mélange, puis transvaser dans un pot opaque, afin que le contenu reste à l'abri de la lumière.

Utilisation

La viscosité de cette crème pourra varier en ajoutant plus ou moins d'huile d'olive. Conserver au réfrigérateur.

Prêt pour le massage !

Idéalement, un massage sera pratiqué sur une table de massage. Au moment du choix et de l'acquisition d'un tel objet, vérifiez son confort, ses réglages et sa hauteur: il serait dommage que vous, le masseur ou la masseuse, attrapiez un tour de reins! Si un tel investissement vous rebute, la table de la salle à manger et même le sol feront parfaitement l'affaire. Dans ce cas, il faudra vous procurer un matelas en mousse, une couette épaisse ou des couvertures pour que le patient ne joue pas au fakir! Si vous faites un massage au sol, vous aurez vous-même besoin de serviettes épaisses ou d'oreillers à mettre sous vos genoux.

Tout est prêt? Versez le mélange d'huiles essentielles de votre choix dans un bol rempli d'eau tiède. Trempez vos doigts dans le récipient et humectez la paume de vos mains. Ainsi, l'huile sera à bonne température quand vous l'appliquerez sur le corps. Elle pénétrera encore mieux dans la peau…

Trucs pour un massage réussi

Maintenant que vous êtes fin prêt, mettez toutes les chances de votre côté pour que votre massage soit le plus agréable et le plus bénéfique.

La posture adoptée est primordiale. Restez toujours bien droit. Si vous pratiquez un auto-massage qui vous impose de vous pencher, pliez les genoux sans incliner le dos. Dans le cas où des gestes un peu appuyés seraient nécessaires, mettez-vous sur le flanc et prenez une position qui soulage vos bras et vos épaules. J'oubliais: gardez vos épaules parfaitement détendues et rentrez le ventre pour soutenir le dos.

En lisant cela, vous vous dites peut-être que vous n'y arriverez jamais. Persévérez! À la longue, cette gymnastique deviendra évidente. Ce précepte vous aidera: « La moindre douleur ou tension dans mon dos signale que ma posture n'est pas correcte. »

D'autres précautions seront utiles: porter des vêtements confortables, oublier les chaussures serrées et les bijoux, couper ses ongles de doigts et de pieds. Prévoyez aussi de ne pas être dérangé: il n'y a rien de pire lors d'une séance de massa-

CONSEILS

Créer l'ambiance

L'atmosphère de la pièce est essentielle: une lumière tamisée et un peu de musique douce favoriseront une meilleure relaxation. N'hésitez pas à pousser un peu le thermostat d'ambiance: il n'y a rien de pire que d'avoir froid lors d'un massage. Enfin, pendant toute la durée de la séance, pensez à avoir un bonne réserve de serviettes chaudes.

La posture adoptée est primmordiale. La moindre douleur ou tension dans votre dos signale que la posture n'est pas correcte.

À SAVOIR

Huile de bain et de massage anti-anémie

1 cuiller à soupe d'huile de pépins de raisin • 10 gouttes d'huile essentielle de camomille • 3 gouttes d'huile essentielle de citron ou de menthe poivrée • 3 gouttes d'huile essentielle de poivre ou de thym

Verser tous les ingrédients dans un flacon et agiter vigoureusement. Laisser reposer quatre jours avant utilisation, afin que différentes substances amplifient leurs effets par synergie. Il est également possible d'ajouter ces huiles essentielles dans de l'alcool ou dans de l'eau pour profiter de leurs bienfaits dans un déssodorisant ou un brûle-parfum.

Traitement

Pour un massage corporel, verser 1 cuiller à café de produit à la surface d'un bol rempli d'eau tiède. Pour un bain ou un bain de pieds, verser 2 cuillers à café de produit, puis rester dans l'eau pendant 30 minutes. Se masser avec des gouttelettes en suspension pour bien faire pénetrer les subsstances actives dans la peau.

ge! Avertissez tout le monde à la maison que vous n'êtes là pour personne, débranchez le téléphone et mettez le répondeur en marche.

Une dernière chose à prendre en compte est votre état d'esprit. Inutile de profiter d'un massage si vous vous sentez d'humeur irritable: vous ne seriez pas très réceptif à ses bienfaits. Au préalable, il vous faudra éliminer votre tension nerveuse et vos « ondes négatives ». Ne mésestimez pas ces flux d'énergie: même s'ils ont impalpables, ils feront la différence entre un massage d'anthologie et un traitement que je qualifierais de « routinier ».

Quelques précautions à prendre

Dans certains cas, il est préférable de s'abstenir d'administrer ou de recevoir un massage. En voici quelques exemples:

• Quand une personne a la fièvre, même légère. Dans ce cas, massez seulement ses mains et ses pieds, cela fera beaucoup de bien à votre patient.

• En présence d'une inflammation grave, par exemple en cas d'arthrite ou de zones enflées. Massez seulement les régions indemnes et évitez, en particulier, de toucher aux pieds de votre patient si ses chevilles ou ses mollets sont enflés.

• Ne jamais faire de massage sur une région infectée, en particulier sur une brûlure ou sur une plaie purulente.

• Éviter tout massage en présence de la moindre pathologie cutanée. Cependant, vous devez savoir qu'il existe des huiles essentielles particulièrement efficaces pour soigner un psoriasis ou les plaques d'eczéma.

• Si votre patient ou vous-même avez des varices ou présentez des zones de vaisseaux éclatés, massez seulement au-dessus des zones concernées. Au moyen de gestes légers, vous pourrez toutefois masser doucement sans danger les pieds. Attention, des pressions trop fortes sur des veines variqueuses peuvent engendrer des complications et aggraver l'inflammation.

• Après une piqûre de serpent ou d'araignée venimeuse, toute forme de massage favorisera la propagation du poison dans le corps. Bandez fermement la région atteinte et restez immobile en attendant les secours.

• Après une hémorragie interne intervenue récemment, qu'elle se soit produite dans l'estomac, les poumons ou la vésicule biliaire, il est préférable d'éviter tout massage appuyé qui stimulerait la circulation sanguine.

• Une personne souffrant de thrombose ne doit jamais être massée. Les personnes atteintes de maladies cardiaques graves éviteront également toute forme de massage qui aurait pour effet d'augmenter leur circulation sanguine.

• Évitez les massages si un organe quelconque est enflammé, notamment en cas de pancréatite, de méningite, de gastrite et d'appendicite.

• Les malades atteints de cancer, de tumeur maligne ou de tuberculose ne recevront aucun massage. L'augmentation de la circulation sanguine et lymphatique qui en résulterait risquerait de favoriser la propagation des métastases et les progrès de la maladie. Encore une fois, un délicat massage du pied et des mains n'offre quant à lui aucun danger.

• Prenez beaucoup de précautions si vous massez une femme pendant les trois premiers mois de grossesse, surtout si elle a déjà eu des problèmes de fausse couche. Faites seulement des gestes très légers sur l'abdomen et le bas du dos (voir le chapitre ci-dessous).

Les gestes élémentaires

Les gestes suivants, à la fois simples et jamais douloureux, sont certainement les meilleurs pour débuter. Ils possèdent de grands pouvoirs thérapeutiques et ne présentent aucun danger, à condition bien sûr que certaines précautions élémentaires soient observées. Avant de réaliser vous-même un massage, je vous recommande de prendre rendez-vous chez un kinésithérapeute et d'observer comment il s'y prend. Vous saurez ainsi plus précisément de quoi il retourne.

Effleurage

Cette technique consiste en des gestes longs et continus, relativement peu appuyés, réalisés en direction du cœur. Elle doit son nom au fait que les mains effleurent seulement les tissus superficiels. Il est bon de commencer et d'achever un massage en faisant un effleurage le plus léger possible. Une précaution à suivre ici: éviter d'exercer une quelconque pression sur l'épine dorsale.

À SAVOIR

Se détendre

Pour bien vous concentrer et vous relaxer avant de faire un massage, allumez un brûle-parfum et fermez la porte. Asseyez-vous quelques minutes et respirez profondément, en relâchant la tension présente dans votre corps à chaque fois que vous expirerez de l'air. Mettez vos problèmes de côté en vous disant que vous aurez bien le temps d'y penser par la suite… Levez-vous et étirez-vous, depuis les orteils jusqu'au bout des doigts. Alors, vous commencerez à vous sentir très calme et enfin prêt à délivrer le massage. Vous verrez: cette petite préparation vous aidera beaucoup! Et votre patient vous en saura gré…

À SAVOIR

Pense-bête pour le massage pendant la grossesse

• Durant toute la grossesse, n'utilisez jamais la technique du tapotement, c'est-à-dire avec le poing ou le creux et le tranchant de la main.
• Au cours des premiers mois de grossesse, ne faites jamais de frictions profondes et intenses des chairs du bas du dos et de l'abdomen.
• Évitez de masser les pieds en profondeur, car il y a ici des points d'acupression qui risqueraient de déclencher le travail d'accouchement.
• Dans vos huiles de massage, utilisez toujours de faibles dosages d'essences.
• Pendant la grossesse, évitez les huiles essentielles suivantes : basilic, cannelle, cèdre, céleri, fenouil, genièvre, hysope, jasmin, marjolaine, mélisse, menthe poivrée, menthe pouliot, muscade, myrrhe, persil, romarin, sauge sclarée et thym.
• Pendant les quatre premiers mois de grossesse, évitez les huiles essentielles de camomille, de géranium, de lavande et de rose.

Pétrissage

Cette technique de massage est utilisée sur les parties les plus charnues du corps: fesses, cuisses, mollets, muscles des épaules, etc. Elle comprime et presse fortement les tissus, agissant ainsi en profondeur. Joignez vos deux mains sur le muscle que vous souhaitez masser, puis prenez la chair d'une main, paume incluse. Pressez assez fermement avec les doigts, puis faites glisser le pouce comme si vous alliez pétrir une pâte. Appuyez ensuite avec ce dernier et massez à l'aide des autres doigts. Répétez cette opération avec l'autre main, puis de nouveau avec la première, de manière à créer un rythme fluide et continu. Pour que le massage soit bon, vos mains doivent toujours rester en contact avec la peau du patient.

Le massage pendant la grossesse

Un massage effectué pendant la grossesse stimulera la circulation sanguine, ce qui réduira ainsi le risque d'apparition de varices, de vergetures, de rétention d'eau et de crampes musculaires. Il soulagera également d'éventuels problèmes de constipation ou d'indigestion. Bien sûr, il faudra toujours aller très doucement, en évitant les frictions en profondeur et les gestes trop appuyés. En outre, les huiles de massage permettront quant à elles de lubrifier et de bien hydrater la peau.

Effleurez !

En utilisant la technique de l'effleurage dans le bas du dos, vous allez détendre les muscles, ce qui sera extrêmement bénéfique. Plus avant au cours de votre grossesse, un effleurage un peu plus appuyé et un pétrissage de cette région du corps sont très recommandés pour soulager d'éventuelles douleurs dorsales. Enfin, au cours du travail d'accouchement, un massage du dos et des pieds atténuera la douleur et apportera un réconfort certain.

En fait, c'est surtout pendant les trois premiers mois de grossesse qu'il faudra prendre le maximum de précautions quand vous ferez des massages.

Du confort !

Pour un massage du dos, il sera plus confortable que la femme enceinte s'allonge sur le flanc ou s'assoie à califourchon sur une chaise. Pour qu'elle soit parfaitement à l'aise, placez un oreiller moelleux entre son ventre et le dossier.

Pour d'autres massages, des membres par exemple, la femme enceinte s'allongera sur le dos avec une paire d'oreillers sous ses genoux. Veillez à ce qu'elle soit confortablement installée avant de commencer votre soin. Pratiquez ensuite le massage selon les règles habituelles, en évitant toute friction ou geste en profondeur au niveau des pieds, de l'abdomen et du bas du dos. Ne faites jamais de massages avec le creux ou le tranchant de la main, ni bien sûr avec les poings. Frictionnez doucement la région des épaules, les jambes, les bras et la tête.

Le massage des enfants et de bébé

Les bébés répondent naturellement aux gestes qu'on leur prodigue : ils n'ont pas encore eu le temps de développer d'inhibition ou de gêne face à un quelconque contact physique. Le massage sera aussi très profitable pour eux, car il va permettre d'approfondir et de resserrer encore liens avec leur mère ou avec leur père. Si l'enfant est agité ou s'il fait une colique, un massage le soulagera et le calmera presque instantanément. Il sera tout content et vous fera un grand sourire craquant.

Les jeunes enfants seront massés de la même manière que les adultes, mais avec des gestes plus superficiels. Allez-y doucement quand vous utiliserez le poing ou le creux et le tranchant de la main ! Vous les masserez pour soulager leurs tensions musculaires liées à un exercice sportif un peu intensif ou à une mauvaise posture en classe.

Mais je ne répéterai jamais assez qu'il vaut mieux prévenir que guérir : veillez à ce que vos enfants se tiennent bien droit lorsqu'ils font leurs devoirs ou regardent la télévision. Avant qu'ils ne se dépensent physiquement, demandez-leur de faire des échauffements pour éviter le risque de claquage et de crampes.

À SAVOIR

Huile « douceur » pour bébé

4 cuillers à soupe d'huile d'amande douce • 1 cuiller à soupe d'huile d'olive • 5 gouttes d'huile essentielle de camomille • 8 goutes d'huile essentielle de lavande

Verser tous les ingrédients dans un petit flacon et mélanger vigoureusement. Laisser reposer quatre jours avant utilisation, afin que les différentes substances amplifient leurs effets par synergie.

Traitement

Si l'enfant est un peu agité, un massage doux avec cette huile est parfaitement indiqué. Éviter d'appliquer le produit sur les parties génitales et tout contact avec ses yeux. S'attarder tout particulièrement sur les pieds de l'enfant.

Les enfants, les personnes de santé fragile, les personnes âgées ou convalescentes ont besoin de concentrations d'huiles essentielles moins élevées que les sujets adultes bien portants.

Premiers secours

Un jour ou l'autre, tout le monde est confronté à une urgence et à un accident. Dans une telle situation, il est important de réagir vite et de savoir quelles premières mesures prendre, ce que l'on appelle « les gestes qui sauvent. »

À SAVOIR

L'huile essentielle de lavande

En cas d'urgence, rappelez-vous que l'huile essentielle de lavande est un remède passe-partout!

Pas de panique!

Pour être efficace, vous devez avoir sur vous une trousse de premiers secours et avoir quelques bases de secourisme. Dans ce cas, le mieux est de suivre des cours de préparation ou de se pencher au moins sur un ouvrage consacré à la question. Ayez toujours également, inscrits dans votre agenda, les numéros de téléphone du SAMU et des pompiers, du centre antipoison et de l'hôpital les plus proches.

Dans l'idéal, il vous faudrait deux trousses de premiers secours: l'une à la maison, l'autre dans votre voiture. Le contenu de chacune devra être régulièrement contrôlé et, si nécessaire, changé. Ainsi, vous pourrez assurer une assistance rapide en cas d'accident et, qui sait, sauver une vie!

Ayez toujours inscrits dans votre agenda, les numéros de téléphone du SAMU (15) et des pompiers (18), du centre antipoison et de l'hôpital les plus proches.

La trousse de premiers secours

Elle comprendra bien sûr des pansements aérés favorisant la cicatrisation, de la gaze, des bandes, du sparadrap, du coton hydrophile, des pincettes, des ciseaux, etc. En dehors de ces objets de première nécessité, vous y ajouterez divers ustensiles et produits vous permettant de préparer des mélanges à l'aide d'huiles essentielles. Voici un petit kit complet d'aromathérapie qui sera très utile en voyage.

Le matériel

- 2 flacons verseurs.
- 2 compte-gouttes.
- 1 spatule.
- 1 flacon de 15 ml d'huile d'amande douce pour préparer vos mélanges.
- 1 vaporisateur rempli de vinaigre de cidre pour soulager les piqûres d'insectes et de méduses.
- 1 pot de pommade de soin (voir L'aromathérapie pratique, Les méthodes de A à Z, p. 159).

• 1 flacon d'eau distillée d'hamamélis pour réduire une inflammation.
• Plusieurs infusettes de camomille pour soulager la tension nerveuse, la dépression et l'anxiété, ainsi que des inflammations internes: gastrites, diarrhées, cystites, douleurs menstruelles, etc.

... et les flacons magiques!

• 1 flacon d'huile essentielle de camomille pour traiter les problèmes évoqués ci-dessus et pour donner un peu de tonus.
• 1 flacon d'huile essentielle d'eucalyptus, en raison des vertus anti-inflammatoires, antiseptiques, antivirales et analgésiques de cette essence.
• 1 flacon d'huile essentielle de géranium; mélangée à de l'essence de citron et à de l'eau distillée d'hamamélis, elle arrêtera un saignement et calmera une nervosité liée au stress; associée à de l'huile essentielle de citron et de lavande, elle servira de répulsif contre les insectes.
• 1 flacon d'huile essentielle de gingembre pour soulager la nausée, les douleurs musculaires et la fatigue.
• 1 flacon d'huile essentielle de pamplemousse pour combattre la fatigue, la dépression et la nervosité; mélangée à de l'essence de géranium, elle soulagera les raideurs musculaires.
• 1 flacon d'huile essentielle de lavande, qui est à la fois un antibactérien, un antiviral et un antidépresseur; vous l'utiliserez pure ou mélangée à de l'eau distillée d'hamamélis pour soigner les piqûres, les ecchymoses, les brûlures légères, les coups de soleil, ou pour repousser les insectes; cette essence est excellente également contre les maux de tête.
• 1 flacon d'huile essentielle de citron; mélangée à de l'huile essentielle de géranium et à de l'eau distillée d'hamamélis, elle arrêtera un saignement et préviendra l'infection d'une plaie; on dit aussi qu'ajouter 1 goutte de cette essence dans un verre est un remède souverain pour purifier l'eau dans les pays à risque, mais je ne vous garantis pas son efficacité...
• 1 flacon d'huile essentielle de menthe poivrée et/ou 1 flacon d'huile essentielle de gingembre, deux essences permettant de soulager les crampes d'estomac, le mal des transports et les nausées; attention, dans vos préparations, ne dépassez pas une concentration de 0,5 %!
• 1 flacon d'huile essentielle de romarin, qui stimule le système nerveux central, éclaircit les idées, et détend des muscles fatigués après une trop longue station assise; en inhalation, elle

À SAVOIR

Talc

Il est obtenu par mélange de différents calcaires que l'on broie jusqu'à obtenir une poudre impalpable. N'utilisez que du talc stérile acheté en pharmacie ! Si ce n'était pas le cas, il pourrait contenir certaines bactéries, comme celle du tétanos par exemple, qui serait fatal à votre bébé. Si vous avez le moindre doute, stérilisez le talc en le mettant au four à 150 °C pendant 1 heure. Remuez souvent la poudre.

L'huile essentielle de gingembre fait baisser la fièvre et stimule la transpiration. Elle est donc indiquée pour soigner un rhume, une grippe, une sinusute, un mal de gorge et pour calmer la toux.

calmera la toux et soulagera les symptômes du rhume et le catarrhe ; attention, cette essence ne sera jamais utilisée par les femmes enceintes ou les personnes sujettes à des crises d'épilepsie.

• 1 flacon d'huile essentielle de tea-tree, essence à la fois antibactérienne, antivirale, antiseptique et antifongique que vous pourrez utiliser pure ; elle soignera les abcès, le pied d'athlète, l'herpès, les coupures, les écorchures, les morsures, la teigne et les coups de soleil.

Les huiles essentielles de premiers secours

Problèmes	Huiles essentielles	Traitements
Ampoule	Géranium et tea-tree.	Nettoyer la zone.
Ballonnement	Gingembre et menthe poivrée.	Inhalation ou massage de l'estomac.
Brûlure	Lavande.	Nettoyer la zone.
Coup de soleil	Lavande.	Bain.
Coupure et écorchure	Lavande et tea-tree.	Nettoyer la zone.
Crampe	Géranium et gingembre.	Massage.
Démangeaison	Eucalyptus et lavande.	Lotion.
Décalage horaire	Lavande, pamplemousse et romarin.	Bain, douche ou massage.
Douleur musculaire	Lavande, gingembre et romarin.	Bain ou massage.
Ecchymose	Lavande et eau distillée d'hamamélis.	Application locale.
Entorse et foulure	Camomille, lavande et eau distillée d'hamamélis.	Application locale pendant quatre jours.
Épuisement physique	Lavande et menthe poivrée.	Bain, douche ou massage.

Problèmes	Huiles essentielles	Traitements
Fièvre	Géranium et gingembre.	Bain, douche ou massage.
Indigestion	Gingembre et menthe poivrée.	Solution buvable.
Insomnie	Camomille et lavande.	Bain ou massage.
Insolation	Citron, eucalyptus et lavande.	Couvrir de serviettes imbibées d'eau fraîche.
Mal des transports	Gingembre et menthe poivrée.	Inhalation ou solution buvable.
Maux de tête	Lavande et menthe poivrée.	Inhalation ou massage du cou et de la nuque.
Piqûre et morsure	Lavande et tea-tree.	Application locale pure.
Piqûre de méduse	Lavande.	Asperger de vinaigre et d'huile essentielle.
Plaie	Lavande, tea-tree et eau distillée d'hamamélis.	Lotion.
Rage de dent	Camomille.	Massage des gencives.
Répulsif d'insecte	Lavande et menthe poivrée.	Lotion.
Rhume	Eucalyptus et gingembre.	Bain ou massage.
Rhume des foins	Camomille et eucalyptus.	Inhalation.
Saignement	Citron, géranium et eau distillée d'hamamélis.	Application locale.
Vomissement	Gingembre et menthe poivrée.	Inhalation ou solution buvable.

CONSEILS

Si vous avez du mal à digérer…

Verser 25 cl d'eau chaude dans un verre, ajouter 1 goutte d'huile essentielle de menthe poivrée et un peu de miel. Agiter et boire ce breuvage d'un trait. Le même traitement est valable pour soulager des nausées et des vomissements causés par une intolérance alimentaire ou par le mal des transports.

À SAVOIR

Avertissements importants

Les huiles essentielles ne doivent jamais être administrées par voie orale. Avant toute utilisation, il faut au préalable impérativement les diluer. Cet avertissement est particulièrement important en ce qui concerne les bébés et les enfants. Au contact des yeux et des muqueuses, une essence pourrait entraîner des lésions graves sinon irréversibles.
Attention, même diluées, la plupart des huiles essentielles sont trop puissants pour la peau d'un nouveau-né. Une petite poignée d'entre elles seulement ne présentent aucun danger pour les bébés de 2 ou 3 mois.

Gardez vos huiles essentielles hors de la portée des enfants!

Les gestes de premiers secours

Bain	5 à 10 gouttes d'huiles essentielles mélangées à 1 cuiller à café d'huile d'amande douce.
Application locale	4 gouttes d'huiles essentielles sur un gant ou un mouchoir humide, puis tordre le linge pour disperser les substances actives.
Douche	3 gouttes d'huiles essentielles sur un gant humide ; frotter vivement l'ensemble du corps.
Inhalation	Respirer le parfum à même le flacon.
Lotion	4 gouttes d'huile essentielle mélangées à 1 cuiller à café d'huile d'amande douce.
Massage	4 gouttes d'huiles essentielles mélangées à 1 cuiller à café d'huile d'amande douce.
Nettoyage d'une plaie	3 gouttes d'huile essentielles mélangées à 1 verre d'eau tiède.
Solution buvable	1 goutte d'huile essentielle dans 1 verre d'eau chaude ; bien remuer avant d'absorber.

Empoisonnement par des huiles essentielles

Les huiles essentielles sont potentiellement mortelles quand elles sont ingérées: 1/2 cuiller à café seulement peut se révéler fatale à un enfant. Les bouchons de sécurité présents sur certains flacons apportent une certaine garantie, mais ils ne sont pas infaillibles: après s'être acharnés dessus pendant plusieurs minutes ou vous avoir observé, les enfants trouveront bien comment ouvrir le flacon! En outre, comme ces petits garnements sont d'un naturel curieux et impatient, ils sentent rarement l'odeur d'un produit avant de l'avaler goulûment… Pour éviter tout risque inutile, mieux vaut donc conserver vos huiles essentielles dans une armoire à pharmacie que vous fermerez soigneusement à clef.

Que faire en cas d'accident?

Si par malheur de l'huile essentielle était ingérée ou qu'elle pénétrait dans les yeux d'un adulte ou d'un enfant, appelez immédiatement le SAMU (15), les pompiers (18) ou le centre antipoison le plus proche de votre domicile. Notez le nom de l'huile essentielle en cause pour pouvoir le signaler à votre interlocuteur.

On vous posera certainement les questions suivantes:
• Quels sont l'âge et le poids du malade?
• Quelle huile essentielle a-t-il avalée?
• Est-ce que l'huile essentielle était diluée ou non? Si oui, en quelles proportions?
• Quelle quantité d'huile essentielle a-t-elle été ingérée?
• Quand l'accident est-il survenu?
• Qu'avez-vous fait en l'apprenant, quels ont été vos premiers gestes?
• Quels sont les symptômes?

Ne faites pas vomir le malade. Ne lui donnez jamais de lait ou d'huile à boire, en pensant que cela permettrait de diluer l'essence ingérée et d'en atténuer les effets: les graisses présentes dans ces produits accéléreraient au contraire leur absorption. Faites plutôt un bain de bouche à grande eau. Demandez de recracher et renouvelez plusieurs fois cette opération.

À SAVOIR

Que faire en cas de contact de l'huile essentielle avec la peau ou les yeux ?

Si une huile essentielle a été accidentellement en contact avec la peau, lavez la région à l'aide de savon en laissant couler de l'eau chaude jusqu'à ce que toute trace d'essence ait disparu.
Si de l'huile essentielle a pénétré dans les yeux, laissez couler de l'eau froide sur le visage pendant 10 à 15 minutes.

Glossaire des huiles

Ce glossaire consacré à la description des **huiles essentielles** et de **leurs utilisations** respectives, va vous permettre de vous familiariser avec l'aromathérapie. Je ne doute pas qu'avec un peu d'habitude, vous serez capable de **jongler avec toutes ces essences de plantes** et d'inventer vos propres remèdes.

À la suite du nom de certaines huiles essentielles figure, entre parenthèses, une autre appellation. Vous pourrez trouver indifféremment les deux termes selon les fabricants et les laboratoires.

Huiles essentielles

Ail

Allium sativum

L'ail est une plante comestible appartenant à la même famille que l'oignon et la ciboulette. Son arôme familier est présent dans les cuisines du monde entier. Quant à ses vertus thérapeutiques, elles sont immenses et il n'est plus utile de les célébrer! L'huile essentielle est obtenue par distillation du bulbe comprenant plusieurs gousses étroitement serrées les unes contre les autres. Peut-on parler de parfum à propos de l'ail? Disons qu'il est pour le moins puissant, piquant et entêtant! Si vous marchez sur une gousse, l'odeur collera à vos semelles pendant près de 20 minutes! C'est d'ailleurs pour cette raison que l'ail est plutôt ingéré sous forme de capsule. Son huile essentielle a peu d'adeptes: dommage, elle procure une foule de bienfaits!

Indications

• L'huile essentielle d'ail joue un rôle préventif dans les infections d'origine fongique. C'est aussi un insecticide naturel redoutablement efficace et très utile aux amateurs de jardinage, c'est-à-dire quand on s'expose aux puces et à toutes sortes d'insectes. Vous en mettrez quelques gouttes sur un coton que vous appliquerez sur vos boutons ou sur une piqûre de teigne.

• L'ail régule la pression artérielle. Dans les pays méditerranéens, où il est un ingrédient de base de la cuisine, les maladies cardiaques, l'hypertension, ainsi que les problèmes digestifs et pulmnaires, sont beaucoup plus rares qu'ailleurs.

• L'huile essentielle d'ail protège des maladies d'origine bactérienne ou virale. Elle décongestionne et élimine le mucus bronchique, ce qui la rend très utile en cas d'infection des voies respiratoires. Agissant également sur le système digestif, l'ail stimule la sécrétion de bile. Il soulage les crampes, les spasmes et les douleurs intestinales. Il possède en outre un rôle d'antipoison et vous remettra d'aplomb en cas d'intolérance alimentaire.

• Absorbé régulièrement dans l'alimentation sous forme fraîche ou en gélules, l'ail maintiendra votre organisme en bonne santé. Il renforcera l'ensemble de vos systèmes internes sans que son action antibiotique n'affecte votre flore intestinale. Il stimulera l'action des glandes sudoripares, si bien que vous pourrez ainsi faire baisser un accès de fièvre ou simplement favoriser l'élimination des toxines présentes dans votre corps. Les personnes sujettes aux cystites et aux urétrites à répétition prendront 4 gélules d'huile d'ail, trois fois par jour pendant une ou deux semaines. Ce traitement très efficace permettra en outre de prévenir une infection rénale. Cependant, il faudra absolument consulter un médecin pour déterminer l'origine du problème.

Précaution d'emploi

L'ail peut irriter certains estomacs sensibles.

Angélique

(Angélique archangélique)

Angelica archangelica

Les vertus médicinales et culinaires de cette grande et belle plante bisannuelle sont connues depuis des siècles. Ses jeunes tiges confites sont très souvent utilisées pour décorer les gâteaux et les desserts. Selon une vieille croyance, un ange serait apparu à un moine. Il lui aurait conseillé d'utiliser cette herbe pour guérir des malades frappés de la peste. De là proviendrait son nom d'angélique et expliquerait qu'on l'ait utilisée, pendant plusieurs siècles, pour se protéger de cette maladie. L'huile essentielle est obtenue par distillation à la vapeur des racines et des graines de l'angélique. Son parfum riche et agréable se marie très bien avec le basilic, la camomille, le géranium, le pamplemousse, le citron ou la mandarine. La fragrance de l'angélique est utilisée dans l'industrie cosmétique pour les savons, les parfums et les eaux de toilette. Elle est également utilisée dans la fabrication de délicieuses liqueurs monastiques, comme la Chartreuse et la Bénédictine.

Indications

• L'huile essentielle d'angélique est excellente pour toutes les préparations de soins de l'épiderme. Elle agit à la fois comme tonique et comme adoucissant des peaux sèches ou un peu rugueuses. Comme elle a le pouvoir de réduire les inflammations, on pourra l'utiliser en applications locales pour soigner des irritations cutanées ou un psoriasis.

• Présente dans une huile de massage, l'huile essentielle d'angélique permet de purifier le sang, de stimuler le système lymphatique qui draine les excès de fluides et, plus généralement, d'accélérer les fonctions des glandes. Elle augmente également la transpiration et élimine les toxines présentes dans le corps. Enfin, elle renforce l'organisme, tout particulièrement le cœur.

• Excellent tonique du système digestif, l'huile essentielle d'angélique donne de l'appétit, ce qui conduit à la conseiller en cas d'anémie, d'anorexie, ou pour favoriser le rétablissement des personnes convalescentes à la suite d'une longue et grave maladie. Elle tonifie le foie et soulage les problèmes d'indigestion en favorisant la dissipation des gaz intestinaux, des crampes intestinales et des coliques. Enfin, elle a un effet bénéfique sur les ulcères de l'estomac.

• C'est un remède précieux contre les infections respiratoires. L'huile essentielle d'angélique décongestionne les bronches en éliminant les excès de mucus. Elle réduit la fièvre causée par un rhume, une bronchite, une grippe ou une pleurésie.

• Dans un bain, une huile de massage ou en application locale, les propriétés diurétiques et antiseptiques de l'huile essentielle d'angélique seront d'un grand intérêt pour le soin des cystites et des urétrites. L'angélique passe aussi pour réguler les règles, soulager les douleurs menstruelles et favoriser la production d'œstrogènes.

• L'huile essentielle d'angélique fait baisser le stress et renforce le système nerveux. Elle donne de la vigueur à un esprit fatigué. On pourra s'en servir aussi pour soigner des maux de tête, des migraines ou une rage de dents.

Précaution d'emploi

Éviter d'appliquer sur la peau un produit à base d'huile essentielle d'angélique avant de s'exposer au soleil.

L'angélique chinoise

L'*Angelica sinensis*, longtemps utilisée en médecine chinoise, est désormais connue pour son action qui rappelle celle des œstrogènes. C'est une proche parente de l'*Angelica archangelica*.

Badiane

(Anis étoilé)

Ilicium verum

L'huile essentielle de badiane est obtenue par distillation à la vapeur des graines vertes en forme d'étoile de cet arbuste originaire du Tonkin, dans le Nord du Viêt-nam. Son parfum anisé se marie bien avec les odeurs épicées des huiles essentielles de lavande, de pin, d'oranger et de bois de rose. La badiane est utilisée dans l'industrie pharmaceutique pour masquer le goût désagréable de certaines substances chimiques présentes dans les médicaments. Sa saveur si particulière se retrouve dans de nombreux aliments et boissons, notamment dans des liqueurs fabriquées pour certaines depuis le XVIe siècle. Bien que leur parfum et leurs propriétés soient pratiquement identiques, les huiles essentielles d'anis et de graines d'anis ne doivent pas être confondues. L'huile essentielle de badiane, parfois appelée « anis étoilé », est d'une utilisation plus sûre. Cependant, vous devrez observer certaines précautions, en évitant notamment de masser l'ensemble de votre corps avec cette essence.

Indications

• La badiane sera utilisée dans des inhalations ou des huiles de massage à 0,5 % (2 gouttes pour 20 ml d'huile végétale). Elle soulagera les problèmes respiratoires en facilitant l'expectoration du mucus bronchique en cas de bronchite, de sinusite ou de rhume.

• L'huile essentielle de badiane est précieuse pour venir rapidement à bout de problèmes digestifs et intestinaux comme des coliques ou des flatulences. Vous l'utiliserez en fomentation, en versant 3 gouttes sur une compresse humectée d'eau chaude. La badiane soulage également la constipation en stimulant l'intestin.

• L'huile essentielle de badiane échauffe les tissus. Elle pourra soulager des problèmes rhumatismaux et un lumbago, autant de douleurs rendues plus aiguës lorsqu'il fait froid.

Précautions d'emploi

Ne pas utiliser en massage corporel complet. Ne pas utiliser sous forme concentrée et sur une période prolongée.

Basilic

Ocimum basilicum

Peut-être ignore-t-on que le mot basilic est emprunté au grec *basilikon* qui désigne selon Aristote une plante royale... Personne n'ignore en revanche le goût et l'arôme délicatement épicé du basilic frais! Les boutons et les feuilles de la plante sont distillés pour produire une huile dont le parfum s'accordera à merveille avec la bergamote, le géranium et l'hysope. L'huile essentielle de basilic doit donc être traitée avec le respect royal qui lui est dû: 2 gouttes pour 40 ml d'huile végétale sera suffisant!

Indications

• Du fait de ses propriétés toniques et antiseptiques, l'huile essentielle de basilic interviendra efficacement contre l'acné et tous les problèmes de frottements de peau. Elle sera également présente dans les soins contre les piqûres et dans les répulsifs d'insectes.

• Mélangée aux huiles essentielles de romarin ou de lavande et à l'huile de jojoba, elle fera un excellent fortifiant capillaire.

• L'huile essentielle de basilic est souvent utilisée pour traiter des problèmes respiratoires comme des bronchites, des rhumes et des grippes. Elle favorise l'expectoration du mucus et réduit la fièvre. On la mélangera à d'autres huiles essentielles pour préparer des inhalations, des huiles de massage ou de bain.

• Avec ses propriétés proches des œstrogènes, l'huile essentielle de basilic soulagera les douleurs utérines et intestinales. Elle facilitera le flux menstruel et augmentera la sécrétion lactée chez la femme allaitante. Utilisée en application locale sur les seins à faible dose (0,5 % seulement), elle réduira l'engorgement de lait.

• Le basilic stimule l'appétit et le système digestif. Il facilite la digestion et aide les intestins à expulser les gaz. Il soulage également le hoquet, les brûlures d'estomac, les nausées et les gastro-entérites.

• En le mélangeant à de l'huile essentielle de lavande, de marjolaine et de poivre, on préparera une excellente huile de massage et de bain pour soulager des muscles fatigués ou endoloris.

• L'huile essentielle de basilic passe pour avoir la faculté de diminuer le taux d'acide urique dans le sang. Elle sera donc utile pour traiter la goutte.

• Excellent pour le cerveau, le basilic stimule l'intellect. Il éclaircit les idées et favorise la concentration. On pourra aussi s'en servir pour soigner des maux de tête et soulager les états migraineux. Donnant énergie et vigueur, l'huile essentielle de basilic est également à conseiller dans le traitement des dépressions, de l'hystérie, de l'insomnie et de l'anxiété.

Précautions d'emploi

Ne jamais utiliser par voie orale, mais toujours en applications locales à une concentration de 0,5 %. À éviter pendant la grossesse.

Baume de Tolu

Myroxylon balsamum

Proche cousin du baume du Pérou, le baume de Tolu est extrait en pratiquant des incisions en « V » dans l'écorce et dans l'aubier (partie tendre située entre le bois dur et l'écorce) d'un sapin originaire d'Amérique du Sud. La résine se solidifie au contact de l'air. L'huile est obtenue par distillation à la vapeur (une méthode à sec est également pratiquée). Elle possède un délicieux parfum fleuri qui se marie bien avec le cèdre, le patchouli et la plupart des huiles essentielles à base de fleurs. Le baume de Tolu est souvent utilisé dans l'industrie pharmaceutique comme agent de saveur. On le trouve également dans les remèdes contre la toux en raison de ses propriétés expectorantes.

Indications

• Le baume de Tolu est excellent pour adoucir et soigner les peaux sèches, gercées ou crevassées. Il est vivement conseillé dans le traitement des plaques d'eczéma, des blessures et des plaies, en particulier des escarres. C'est enfin un très bon déodorant que l'on pourra mélanger avantageusement à d'autres huiles.

• En raison de ses puissantes propriétés expectorantes, on l'ajoutera à des inhalations pour éliminer les mucosités lors d'une bronchite chronique, d'une laryngite ou d'un croup (laryngite de nature diphtérique généralement).

Baume du Pérou

Myroxylon balsamum var. *pereirae*

Le grand arbre à feuilles persistantes originaire d'Amérique du Sud sécrète une résine odoriférante à partir de laquelle est obtenue l'huile. Sa saveur vanillée se marie bien avec la plupart des huiles essentielles. Le baume du Pérou est largement utilisé comme fixatif et comme agent de saveur dans les parfums, les savons et les crèmes. On le trouve aussi dans certaines boissons alcoolisées et dans quelques sodas.

Indications

• Le baume du Pérou réduit les inflammations et élimine les bactéries. On pourra l'utiliser pour traiter des problèmes de peau comme des escarres, des dermatites, des eczémas, des irritations diverses de l'épiderme et des inflammations du mamelon. Il possède un effet adoucissant et lénifiant qui profitera aux peaux sèches, crevassées ou gercées. En outre, le baume du Pérou accélère le renouvellement cellulaire.

• Il donne de l'énergie et favorise l'action des glandes. Il fait augmenter une pression artérielle trop faible et soulage les douleurs musculaires liées aux rhumatismes. Favorisant l'expectoration, il constitue enfin un traitement de choix des problèmes respiratoires tels que l'asthme, la bronchite, le rhume et la toux.

• Le baume du Pérou apporte réconfort et détente lorsqu'on a le cœur serré par le chagrin ou par un stress.

Précaution d'emploi

Il est possible de développer une allergie au baume du Pérou.

Bay St Thomas

(Bois d'Inde)

Pimenta racemosa

Les feuilles persistantes de cet arbre originaire de l'Est de l'Inde sont distillées avec du rhum pour produire un tonifiant de la chevelure qui stimule la pousse et limite la sécrétion de sébum. L'huile essentielle nous vient des Antilles. Elle est parfois présente dans les savons, les parfums, les après-rasage et les préparations capillaires que l'on trouve dans le commerce. Son arôme frais et odoriférant s'accorde bien avec le parfum des huiles à base d'agrumes ou épicées, comme la lavande, le géranium, le romarin et l'ylang-ylang.

Indications

• L'huile essentielle de bay St Thomas sera essentiellement utilisée dans le domaine capillaire comme stimulant de la chevelure. Elle redonnera une belle allure aux cheveux fins et gras. Elle favorisera la pousse et limitera l'apparition de pellicules.

• Son utilité dans le traitement des douleurs musculaires a parfois été évoquée. Cependant, en raison de sa légère toxicité, je vous conseille d'utiliser plutôt des huiles essentielles moins dangereuses.

Précaution d'emploi
À utiliser seulement à 0,5 % seulement dans des préparations capillaires.

Benjoin

Styrax tonkinensis (ou Styrax benjoin)
Il est utilisé depuis des milliers d'années comme ingrédient de l'encens et, selon une vieille croyance, la fumée de benjoin serait censée éloigner les esprits démoniaques… L'huile est préparée à partir de la résine brute exsudant du tronc de l'arbre coupé. Elle ne devient à proprement parler une huile essentielle qu'une fois dissoute dans l'alcool. La teinture de benjoin est difficile à trouver dans le commerce, mais vous pourrez la fabriquer vous-même en achetant de la résine déshydratée sous forme de fine poudre que vous ferez dissoudre dans autant d'eau chaude que vous le désirez.
Il ne vous suffira plus ensuite qu'à ajouter de la vodka, une eau-de-vie quelconque, ou l'huile végétale de votre choix. On dit que le parfum du benjoin est « vanillé », mais c'est là, à mon avis, une erreur car je lui trouve plutôt une note résineuse. L'huile de benjoin se marie avec les huiles épicées comme la bergamote, le cyprès, le genièvre, la lavande, la myrrhe, le petit grain et le santal.

Indications

• L'huile de benjoin favorise l'élimination des bactéries et des champignons à l'origine des infections cutanées. Elle réduit l'inflammation et agit comme un antioxydant. On l'utilisera pour soigner les irritations de la peau et pour soulager les démangeaisons (urticaires et dermatites). Ajoutée à une crème, elle sera un excellent adoucissant et hydratant des peaux asséchées ou craquelées. L'huile de benjoin contracte et donne du tonus aux tissus. Elle interrompt les saignements, facilite la cicatrisation et atténue les odeurs corporelles. Personnellement, je l'utilise souvent dans mes pommades, mes crèmes et mes lotions pour son action à la fois préventive et curative. Je m'en sers aussi en parfumerie à cause de ses propriétés fixatives.
• Le benjoin est une « huile échauffante ». Elle est donc parfaitement indiquée pour traiter l'arthrite, la goutte, les problèmes circulatoires et les rhumatismes. Cette propriété, en se combinant à ses vertus toniques et expectorantes, explique aussi pourquoi on l'utilise de longue date pour soulager les problèmes respiratoires comme l'asthme, la bronchite, la toux, le rhume et la laryngite.
• Si vous mélangez 10 % d'huile essentielle de benjoin, 2,5 % de baume de Tolu, 2 % d'aloès et 7,5 % de styrax (ou storax) dans de l'alcool, vous obtiendrez un produit utilisable en inhalation qui se révélera particulièrement efficace pour adoucir des maux de gorge, soigner un enrouement ou une extinction de voix.
• L'huile de benjoin possède un pouvoir diurétique : elle est donc un bon remède pour soulager une cystite et toute autre infection du système urinaire.
• Cette huile agit doucement mais très efficacement sur le subconscient. Elle soulage les tensions nerveuses et favorise la communication. Elle apporte du réconfort aux personnes souffrant de solitude, de stress, d'une fatigue ou simplement tristes. Elle est très utile pour surmonter des moments difficiles ou des situations délicates.

Bergamote

Citrus bergamia
La bergamote est un petit arbuste délicat qui pousse essentiellement dans le Sud de l'Italie. Son nom est d'ailleurs emprunté à l'italien *bergamotta*. Ses petits fruits ronds sont une variété de poire fondante utilisée pour fabriquer de délicieuses confiseries, les bergamotes de Nancy. L'huile est extraite de la peau des fruits juste avant maturité : c'est à elle que le thé Earl Grey doit sa saveur inimitable ! Son parfum est un irrésistible mélange de senteurs d'agrumes et de fleurs. Il s'allie à merveille avec le cyprès, le géranium, la lavande, le citron, le néroli, la palma-

rosa, le patchouli et l'ylang-ylang. L'huile essentielle est utilisée comme fixatif dans les préparations cosmétiques et les parfums. Elle est l'un des ingrédients les plus importants de l'eau de Cologne.

Indications

• La bergamote est excellente pour traiter divers problèmes de peau parmi lesquels l'acné, l'eczéma, le psoriasis, la gale, les ulcères variqueux ou l'hyperséborrhée de la peau ou du cuir chevelu. Elle soulage également la douleur en engourdissant les nerfs. Elle a enfin des propriétés antifongiques et cicatrisantes, ce qui permet de la recommander en présence de plaies infectées. On dit qu'elle est capable d'inhiber le virus à l'origine du rhume si une goutte de son huile essentielle est immédiatement appliquée au premier symptôme. La bergamote soigne encore les irritations cutanées et adoucit un épiderme asséché ou fendillé. Ajoutée aux mélanges déodorants, elle atténuera les odeurs corporelles et se révélera un excellent répulsif contre les insectes.

• L'huile essentielle de bergamote facilite la digestion et renforce les systèmes de l'organisme. Elle soulage également les crampes de l'intestin et les douleurs menstruelles.

• La bergamote est diurétique. Dans le système génito-urinaire, elle agira à la fois comme un antiseptique et comme un désinfectant. On l'utilise pour traiter certaines infections et inflammations, comme la cystite et l'urétrite.

• En inhalation ou dans un baume de poitrine, son action antiseptique fera des merveilles contre les infections des voies respiratoires. Elle soulagera la toux et les symptômes d'une bronchite, d'un refroidissement ou d'une laryngite.

• En raison de ses propriétés à la fois vivifiantes et relaxantes, l'huile essentielle de bergamote est l'une des essences les plus fréquemment utilisées dans les désodorisants, les brûle-parfums, les huiles de bain et de massage destinés à soulager la tension nerveuse, l'anxiété et la dépression.

Précautions d'emploi

L'huile essentielle de bergamote peut irriter certaines peaux sensibles. À utiliser seulement à des dosages de 1 ou 2 %.

Éviter d'appliquer sur la peau un produit à base d'huile essentielle de bergamote avant de s'exposer au soleil.

Bois de rose

Aniba rosaeodora

On utilise encore le bois à l'arôme délicat de ce grand arbre originaire du Bassin amazonien pour fabriquer des meubles précieux. L'huile essentielle, quant à elle, est obtenue par distillation à la vapeur des copeaux du cœur du tronc de l'arbre. Son parfum boisé et fleuri, auquel s'ajoute une note épicée, est très agréable. Il se marie bien avec la plupart des huiles essentielles.

Indications

• L'huile essentielle de bois de rose stimule la régénération des cellules de la peau. Comme elle est aussi antiseptique, elle sera parfaite pour soigner l'acné, une coupure, une dermatite, un eczéma, ou pour favoriser la cicatrisation d'une plaie. Je la conseillerais également aux peaux sèches et sensibles, ainsi que pour lutter contre l'apparition des rides.

• Comme j'ai un faible pour son parfum, j'en mets parfois dans mes déodorants. J'ai remarqué que les moustiques me fuyaient subitement, preuve que l'huile essentielle de bois de rose est aussi un bon répulsif !

• L'essence de bois de rose est un excellent stimulant du système immunitaire. Dans l'eau du bain ou ajoutée à une huile de massage, elle permettra de traiter les symptômes d'une myasthénie ou d'une grippe, de réduire des ganglions gonflés et tout autre problème lié à un ralentissement de la circulation lymphatique dans l'organisme.

• L'essence de rose exerce un effet calmant sur le système nerveux et le cerveau. Comme elle possède aussi des propriétés analgésiques, vous en ajouterez quelques gouttes à vos remèdes destinés à soulager des maux très variés : maux de tête, décalage horaire, frigidité, etc. Plus généralement, essayez-la chaque fois que vous suspectez un problème d'ordre nerveux ou psychologique.

• L'huile essentielle de bois de rose vous calmera si vous vous sentez fatigué, stressé, ou accaparé par vos soucis. Non contente de redonner de l'énergie, elle passe aussi pour avoir des vertus aphrodisiaques.

Bouleau

(Bouleau blanc)

Betula pendula syns Betula alba

Il s'agit du magnifique bouleau argenté originaire de France. Quand j'étais enfant, j'avais l'habitude de ramasser des branches de cet arbre, cela faisait plaisir à ma mère qui s'en servait pour décorer la maison. L'huile essentielle de bouleau est obtenue par distillation à la vapeur des bourgeons. Elle possède un arôme résineux puissant qui se mélange bien avec le cajeput, le niaouli, le tea-tree, les baumes de Tolu et du Pérou. De nombreuses recherches ont été menées sur les vertus des bourgeons du bouleau blanc. On a découvert qu'ils contenaient une substance capable de détruire le mélanome chez des souris de laboratoire. D'autres composés chimiques du bourgeon de bouleau pourraient inhiber le virus du sida.

Indications

• Grâce à ses propriétés diurétiques, toniques et purifiantes, l'huile essentielle de bouleau aide le corps à se débarrasser de ses toxines. C'est aussi un anti-inflammatoire et un antiseptique. On utilisera donc son huile essentielle en application locale, ajoutée à des compresses, des crèmes ou des pommades, pour soigner des problèmes dermatologiques comme un eczéma, un furoncle, une dermatite, une ulcération cutanée ou un psoriasis.

• L'huile essentielle de bouleau, du fait de son pouvoir diurétique, va favoriser l'élimination de l'acide urique. À ce titre, elle est conseillée dans le traitement de la cellulite, de l'œdème, de la cystite, des rhumatismes et des problèmes d'arthrite.

Ne vous trompez pas de bouleau !

Quand vous achèterez de l'huile essentielle de bouleau, demandez du bouleau blanc et lisez attentivement l'étiquette. Ne la confondez pas avec de l'huile essentielle de bouleau noir (*Betula nigra*), qui doit seulement être utilisée par des phyto-aromathérapeuthes.

Cajeput

Melaleuca leucadendra

Le cajeput ou cajeputier est un grand arbre vigoureux et robuste originaire des Indes que l'on trouve aussi à l'Est de l'Australie et de l'Indonésie. C'est un membre de la famille *Melaleuca*, dont sont issus l'eucalyptus, le giroflier, le myrte, le tea-tree et le niaouli. Son nom provient des mots malais *kayou* et *pouti*, qui signifient « arbre blanc ». L'huile essentielle est extraite par distillation à la vapeur des bourgeons, des feuilles et des brindilles du cajeputier. Son parfum ressemble un peu, en moins corsé cependant, à celui de l'eucalyptus. Vous pourrez l'associer à l'angélique, la bergamote, le girofle, le géranium, la lavande, le niaouli, la muscade, le bois de rose et le thym. L'huile essentielle de cajeput est un agent puissant pour combattre et prévenir les infections. Elle est utilisée comme antiseptique dans certaines préparations pharmaceutiques. Cette propriété explique sa présence dans les savons, les détergents et les cosmétiques.

Indications

• L'huile essentielle de cajeput traite les piqûres d'insectes, l'acné, le psoriasis et les boutons. Elle atténuera la douleur en engourdissant les nerfs tout en détruisant la cause de l'infection. C'est également un bon insecticide.

• Du fait de sa parenté avec l'essence de tea-tree, les utilisations de l'huile essentielle de cajeput sont très voisines. Cependant, vous préférerez cette dernière pour soulager une arthrite et des douleurs rhumatismales ou musculaires. En raison de son action apaisante, je vous la recommande pour calmer vos douleurs menstruelles et vos crampes intestinales.

• À la fois expectorante, tonique et antiseptique, l'huile essentielle de cajeput agira efficacement en cas de problèmes respiratoires. Elle facilitera l'élimination du mucus bronchique, augmentera la transpiration et abaissera la fièvre. Tant sous forme d'inhalation ou d'huile de bain, qu'ajoutée à un diffuseur d'atmosphère, vous l'utiliserez pour combattre une crise d'asthme, une bronchite, une sinusite, un mal de gorge, un état fébrile, une laryngite et des infections d'origine virales.

• Son rôle d'antiseptique me conduit à vous la conseiller pour soigner une cystite et une urétrite.

• À noter enfin que cette huile calmante peut apaiser une rage de dents.

Camomille

Camomille romaine:
Chamaemelum nobile ou *Anthemis nobilis*
Camomille allemande:
Matricaria recutita ou *Matricaria chamomilla*

Son nom botanique latin *chamaemelum* est emprunté au grec. Il signifie littéralement « pomme à terre », le parfum rafraîchissant et agréable de la camomille évoquant celui de la pomme pour les Grecs. Les espèces romaine et allemande se ressemblent beaucoup et leurs propriétés sont très voisines. L'huile essentielle est distillée à partir des fleurs des deux variétés. L'essence de camomille allemande, d'un bleu plus sombre que celle de la camomille romaine, qui jaunit en vieillissant, est plus riche en aluzène, un puissant agent anti-inflammatoire. Elle est couramment utilisée dans les préparations pharmaceutiques et dans l'industrie alimentaire. L'huile essentielle de camomille est chère, mais vous pourrez éventuellement lui substituer de l'huile essentielle de lavande, bien que celle-ci ne soit pas efficace contre la douleur. L'essence de camomille pourra se mélanger au géranium, à la lavande, au patchouli et à la rose.

Indications

• Vous utiliserez souvent l'huile essentielle de camomille pour traiter toutes sortes de problèmes de peau: acné, inflammations causées par des allergies ou par des piqûres d'insectes, ampoules, herpès, dermatites, eczémas, coupures, brûlures, furoncles, etc. Elle préviendra et détruira les infections fongiques, éliminera les bactéries, réduira l'inflammation et facilitera la cicatrisation.

• L'essence de camomille adoucit les peaux sèches et soulage les démangeaisons. Dans une huile de bain, une crème ou une lotion, ses propriétés anti-allergéniques seront très utiles pour les personnes sujettes aux allergies cutanées, par exemple aux dermatites, aux crises d'urticaire ou aux plaques d'eczéma.

• La camomille atténue la douleur en engourdissant les nerfs tout en réduisant l'inflammation des tissus. Vous l'utiliserez donc en applications locales chaudes, dans le bain ou dans une huile de massage, pour soulager des douleurs liées à des problèmes aussi différents qu'une arthrite, un rhumatisme, une souffrance articulaire, une entorse, une foulure, une névralgie, une rage de dents, des maux de tête ou un état migraineux. Combinée avec d'autres huiles essentielles dans un bain ou lors d'un massage, elle sera particulièrement efficace pour atténuer un mal aux reins.

• L'huile essentielle de camomille est diurétique. Elle stimule la sécrétion de bile, ce qui facilite la digestion. Enfin, elle joue un rôle tonique sur le foie et sur l'ensemble du système digestif. Utilisée en applications locales chaudes et dans des huiles de bain ou de massage, elle soulagera des problèmes de cystites, de flatulences, de diarrhées, de gastrites, de colites, de troubles peptiques, de nausées et autres maux d'estomac.

• L'essence de camomille est connue pour son rôle bénéfique sur le système génital. Elle est à la fois emménagogue (elle favorise et régule les règles) et efficace en cas de dysménorrhée Elle calme l'irritabilité pendant le syndrome prémenstruel et à la ménopause.

• C'est un soporifique que l'on ne présente plus! La camomille calme l'excitation. Elle soulage la tension nerveuse et le stress, ainsi que la dépression et les problèmes de sommeil. Avant d'aller au lit, cette plante sera aussi efficace en infusion que sous forme d'huile essentielle dans une huile de bain et de massage, ou dans un quelconque diffuseur d'ambiance.

• Si vous n'en abusez pas, bien sûr, l'essence de camomille est une huile sans danger pour les bébés et les enfants. Elle soulagera leurs coliques, leurs poussées de dents, leur nervosité et beaucoup d'autres petits bobos de l'âge tendre.

• Il existe une troisième variété de camomille, la camomille du Maroc (*Ormenis multicaulis*). Ressamblant beaucoup aux espèces romaine et allemande, elle possède aussi la plupart de leurs propriétés.

Précautions d'emploi

Faire un test sur l'épiderme au préalable, l'huile essentielle de camomille pouvant irriter certaines peaux sensibles.

Ne pas utiliser pendant les quatre premiers mois de grossesse.

Cannelle

(Cannelle de Ceylan)

Cinnamomum zeylanicum

C'est principalement du cannelier de Ceylan qu'est extraite l'épice aromatique utilisée en cuisine pour relever les plats et en médecine pour soigner, depuis des milliers d'années, de très nombreuses maladies. L'écorce parcheminée du petit arbre, en séchant, prend l'allure de petits tuyaux que vous connaissez bien. L'huile essentielle est obtenue par distillation à la vapeur de l'écorce broyée, des bourgeons et des feuilles du cannelier, mais vous utiliserez seulement l'essence obtenue à partir de ces dernières. L'arôme très parfumé de la cannelle rappelle un peu celui de la mélisse. Il se marie bien avec le benjoin, l'encens, le gingembre, le pamplemousse, la lavande, la mandarine, l'orange, le pin, le romarin, le thym et l'ylang-ylang.

Indications

• Les piqûres d'insectes, les poux, la gale, les verrues et les morsures de guêpe peuvent être traités avec de l'huile essentielle de cannelle. Légèrement astringente et d'une odeur épicée, l'essence est idéale dans un après-rasage.

• L'huile essentielle de cannelle est un insecticide, un antiseptique, un antiviral et un antibactérien puissants. Elle a aussi la réputation d'être un bon antidote aux poisons. Comme elle augmente légèrement la température du corps et qu'elle est à la fois antiseptique et tonique, elle soulagera un rhume, un refroidissement, une grippe, ainsi que la plupart des infections et des maladies d'origine virale.

• L'essence de cannelle stimule le système digestif. Vous l'utiliserez pour traiter des coliques, des indigestions, des diarrhées, des nausées et des vomissements. Elle favorisera l'expulsion des gaz intestinaux et calmera les crampes d'estomac ou du côlon tout en stimulant la production de sucs gastriques. Comme elle est apéritive et digestive, vous l'ajouterez à vos huiles de bain ou de massage pour traiter l'anorexie, la colite, la nausée, les flatulences et la diarrhée.

• La cannelle renforce les fonctions et accroît l'activité des systèmes glandulaire, circulatoire et respiratoire. Je vous la recommande donc si vous avez une mauvaise circulation sanguine ou des problèmes respiratoires. Enfin, elle régule le flux menstruel: elle est donc conseillée en cas de dysménorrhée.

• L'huile essentielle de cannelle joue un rôle utile dans le traitement d'une arthrite, d'une névralgie et des rhumatismes.

• La cannelle passe pour éveiller la spiritualité. Elle redonnera du tonus aux personnes fatiguées et stressées.

Précautions d'emploi

À éviter pendant la grossesse.

N'utiliser que de l'huile essentielle de feuilles de cannelle, l'essence obtenue à partir de l'écorce ou des bourgeons pouvant engendrer de graves réactions cutanées.

Ne pas utiliser à une concentration supérieure à 0,5 %. Ne jamais appliquer pur sur la peau.

Cardamome

Elettaria cardamomum, *Amomum cardamomum*

La cardamome est un grand arbuste aux longues feuilles soyeuses qui donne des fleurs et des graines à partir desquelles on extrait l'huile essentielle par distillation à la vapeur. Proche du gingembre, l'essence de cardamome possède plusieurs propriétés en commun avec lui, en particulier son pouvoir échauffant et tonique sur l'organisme. La cardamome est utilisée depuis plus de trois mille ans tant en cuisine et en médecine ou en parfumerie que pour fabriquer de l'encens. Son parfum rappelle celui du poivre. Il se mariera avec d'autres huiles épicées, comme l'encens, le géranium, le genièvre, l'orange, le néroli et le bois de rose.

Indications

• Vous utiliserez surtout l'huile essentielle de cardamome pour son rôle de stimulant de la digestion. En application locale chaude, incluse dans une huile de bain ou de massage, elle stimulera l'appétit et soulagera des coliques, des flatulences, des indigestions, des nausées et des diarrhées douloureuses. Elle rafraîchira enfin une mauvaise haleine liée à une mauvaise digestion.

Carotte

Daucus carrota

Originaire d'Asie, cette plante potagère bien connue a été introduite en Europe il y a environ six siècles. L'huile essentielle est obtenue principalement par distillation de la graine de carotte sauvage, même si on en trouve aussi dans l'ensemble de la racine. Son parfum est vif et sucré : c'est tout simplement le même que celui de la carotte. L'huile essentielle peut se mélanger avec la bergamote, le cèdre, le géranium, le genièvre, la lavande, le citron, la lime, la mélisse, l'orange, le petit grain et le romarin.

Indications

• L'huile essentielle, avec sa belle couleur dorée, est excellente pour les soins cutanés. Elle contracte et tonifie les tissus tout en éliminant les bactéries. Elle améliore l'élasticité de la peau, surtout en cas de vieillissement précoce de l'épiderme. Elle est capable d'effacer les cicatrices et les taches de vieillesse. En raison de ses puissantes vertus curatives, vous l'utiliserez en petites quantités pour soigner une dermatite, un prurit anal ou vaginal, un eczéma, une ulcération cutanée, un furoncle ou un psoriasis.

• L'huile de carotte aide le corps à éliminer ses toxines. Vous en mettrez donc quelques gouttes dans l'eau du bain ou dans une huile de massage pour traiter une arthrite, ainsi qu'une crise de goutte ou de rhumatismes.

• Puissant stimulant du système digestif, particulièrement du foie et de la vésicule biliaire, l'huile essentielle de carotte favorise la digestion et l'expulsion des gaz présents dans l'intestin. On s'en sert aujourd'hui dans le traitement de certains cancers et de la jaunisse. Elle aurait enfin le pouvoir d'augmenter la production de globules rouges, ce qui, en conjonction avec des traitements médicamenteux appropriés, pourrait la rendre utile en cas d'anémie ou de maladies engendrant une faiblesse générale de l'organisme.

• L'huile essentielle de carotte régule la production d'hormones. Vous l'ajouterez dans des produits destinés à traiter tous les problèmes liés à l'affaiblissement des glandes hormonales, en particulier lors du syndrome prémenstruel et à la ménopause.

Précaution d'emploi

À utiliser avec modération sur la peau.

Cèdre

(Cèdre Atlas)

Cedrus atlantica

Pouvant atteindre 40 à 50 m de hauteur, ce grand arbre de forme pyramidale est originaire des montagnes de l'Atlas, en Algérie. Son bois odorant est très apprécié par les artisans qui s'en servent pour fabriquer des coffres et autres boîtes à bijoux. Il a la faculté de repousser les insectes. Dans l'Égypte ancienne, on se servait déjà de l'huile de cèdre pour embaumer le corps des défunts, son bois étant utilisé, quant à lui, pour fabriquer les cercueils : comme vous le voyez, le cèdre était donc doublement utile dans les rites funéraires ! L'huile essentielle de bois de cèdre est distillée à la vapeur à partir des feuilles et du bois de l'arbre. Son odeur chaude et boisée rappelle un peu celle du bois de santal. Elle se mariera avantageusement avec le benjoin, la bergamote, le cyprès, l'encens, le genièvre, la lavande, le citron et le romarin.

Indications

• L'huile de cèdre élimine les bactéries. Elle permet de prévenir et de soigner les infections d'origine fongique. C'est également un insecticide et un astringent doux. Vous l'ajouterez donc volontiers à vos huiles de bain et à vos produits d'inhalations ou de beauté (masque facial) pour traiter des problèmes aussi variés que l'acné, un eczéma, une dermatite, une infection fongique, une ulcération de la peau ou un psoriasis. Comme cette huile essentielle resserre et tonifie les tissus, elle sera idéale pour soigner les peaux grasses. Pour les mêmes raisons et grâce à ses propriétés antiseptiques, elle sera d'autant plus indiquée dans certaines préparations masculines (après-rasage, etc.) que les hommes apprécient généralement son odeur très virile. On pourra aussi s'en servir pour se protéger des piqûres d'insectes.

• L'essence de cèdre stimule la circulation sanguine et renforce les différents systèmes de l'organisme. Si vous en mettez un peu dans une huile de massage ou de bain, vous soulagerez une arthrite et un rhumatisme chronique. Antiseptique puissant et diurétique, elle est par ailleurs fréquemment utilisée pour traiter toutes sortes d'infections du tractus urinaire.

• Décongestionnant et antiseptique puissant du système respiratoire, l'essence de cèdre permettra de fluidifier le mucus bronchique en cas de bronchite, de toux, de rhume, de grippe et autres congestions des voies aériennes supérieures.

• L'huile essentielle de cèdre calme la surexcitation. Elle décontracte et assouplit les tempéraments portés à l'égoïsme et à une certaine rigidité. Elle soulage la tension nerveuse. Enfin, elle sera précieuse aux personnes déprimées ou souffrant d'insomnie à cause d'un stress.

Précautions d'emploi

À éviter pendant la grossesse.

Faire un test sur l'épiderme au préalable, l'huile essentielle de cèdre pouvant irriter certaines peaux sensibles.

Ne pas confondre avec le cèdre blanc.

Céleri

Apium graveolens

Le céleri sauvage est un légume à l'odeur forte qui a été « domestiqué » depuis maintenant deux mille ans. Il est devenu aujourd'hui un aliment très populaire que l'on trouve dans les soupes, les purées et les salades. L'huile essentielle peut être extraite de l'ensemble de la plante, mais la meilleure est celle que l'on obtient en distillant les graines, d'où son nom d'huile de graine de céleri que vous rencontrerez parfois. Son parfum est épicé, chaud et persistant. Il se marie bien avec l'angélique, le basilic, la camomille, le pamplemousse, le citron, l'orange, la palmarosa et le romarin.

Indications

• Les propriétés les mieux connues de l'huile essentielle de céleri sont sans doute son action diurétique et sa faculté d'éliminer les toxines ou l'excès d'acide urique présent dans le sang. Dans vos huiles de massage ou de bain, vous ajouterez cette essence pour traiter l'arthrite, la goutte, les rhumatismes, la sciatique, ainsi que pour soulager les symptômes d'une cystite et d'une urétrite.

• L'huile de graine de céleri, utilisée en applications locales, est indiquée pour soulager des règles douloureuses. Elle facilitera et régulera le flux menstruel tout en stimulant la sécrétion des glandes mammaires.

• Tonique du système digestif, le céleri stimule le foie et facilite la digestion. Il soulage également les crampes, les spasmes intestinaux et les flatulences. Il sera également bénéfique en cas de congestion hépatique ou de jaunisse.

• L'huile essentielle de céleri réduit le stress. Elle renforce le système nerveux, créant une sensation de bien-être.

Précaution d'emploi

À éviter pendant la grossesse.

Citron

(Citronnier)

Citrus limonum

Le citron est un fruit surprenant aux multiples usages. Riche en vitamine C, il est largement utilisé tant dans le domaine culinaire que médical, cosmétique et industriel. À la maison, on le retrouve dans nos plats, mais aussi dans de nombreux nettoyants ménagers. L'huile essentielle est extraite du zeste du citron. Fraîche et piquante, sa délicieuse odeur se marie parfaitement avec le benjoin, la camomille, l'eucalyptus, l'encens, le pamplemousse, la lavande, l'orange, le romarin, le santal et l'ylang-ylang.

Indications

• L'huile essentielle de citron adoucit et tonifie l'épiderme en contractant ces tissus. Elle est adaptée aux soins des peaux grasses et des peaux mates en raison de son action légèrement décolorante. Vivement conseillée pour éliminer les verrues, elle soulage aussi les infections causées par les piqûres d'insectes et elle est même capable de les prévenir. Vous pourrez aussi vous en servir pour arrêter un saignement après un coup sur le nez, une blessure, ou la chute d'une dent.

• Le citron stimule la production de globules blancs, c'est pourquoi de nombreux phyto-aromathérapeuthes l'utilisent pour traiter des maladies graves. Cette propriété, en s'ajoutant à son rôle antibactérien et à sa faculté de faire baisser la fièvre, font de l'huile essentielle de citron un remède extrêmement utile pour traiter des maux et des infections de gorge, des bronchites, des rhumes ou la grippe.

• En dépit de ce que l'on pourrait penser *a priori*, le citron n'est pas acide mais alcalin. Dans l'organisme, il va stimuler l'action du pancréas, de la vésicule biliaire et du foie. Ainsi, il facilitera la digestion et l'expulsion des gaz présents dans l'intestin tout en purifiant le sang.

• En cas de fatigue ou d'apathie, l'huile essentielle de citron est un bon remontant. Elle vous donnera un esprit plus positif et plus clair.

Précautions d'emploi

Éviter d'utiliser l'huile essentielle de citron avant de s'exposer au soleil.

Faire un test sur l'épiderme au préalable, l'huile essentielle de citron pouvant irriter certaines peaux sensibles.

Citronnelle

(Citronnelle de Ceylan)

Cymbopogon nardus

Le genre *cymbopogon* comprend pas moins de cinquante variétés différentes de grandes herbes vivaces des régions tropicales dont on tire de précieuses huiles essentielles. C'est le cas par exemple du lemon-grass (*Cymbopogon citratus*), de la palmarosa (*Cymbopogon martinii* var. *martini*) et bien sûr de la citronnelle (*Cymbopogon nardus*). L'essence de citronnelle sent bon le frais. Puissante et citronnée, elle se mélange bien avec la bergamote, l'eucalyptus, le géranium, la lavande, le néroli, la menthe poivrée, le petit grain et l'ylang-ylang.

À noter que l'huile essentielle de citronnelle est bon marché et facile à utiliser.

Indications

• Pas de surprise, l'huile essentielle de citronnelle sert surtout à faire fuir les insectes ! Vous en ajouterez à vos désodorisants, à vos baumes corporels et dans vos diffuseurs d'ambiance pour protéger l'ensemble de la maisonnée, vous-même, votre famille comme votre animal de compagnie. La citronnelle est également un anti-transpirant que vous pourrez ajouter dans un déodorant. Mais attention, n'en abusez pas : sa très forte odeur risque vite se révéler incommodante...

• L'huile essentielle de citronnelle renforce et stimule les fonctions des glandes. Dans une huile de bain ou de massage, elle permettra de soigner un rhume, une grippe et diverses infections bronchiques.

• Si vous traversez une petite dépression ou si n'avez simplement pas trop le moral, la citronnelle vous éclaircira les idées et chassera vos idées noires.

Précautions d'emploi

À éviter pendant la grossesse.

Cubèbe

Piper cubeba

Proche du poivrier, le cubèbe est un arbuste à feuillage persistant qui part à la conquête du ciel un peu à la manière de la vigne. Son fruit, une fois séché et broyé, est très utilisé dans la cuisine indonésienne. L'huile essentielle est extraite par distillation à la vapeur des baies non encore parvenues à maturité. Son parfum chaud et piquant se mélange bien avec d'autres huiles épicées, à commencer par la lavande et le romarin.

Indications

• En raison de ses propriétés diurétiques et antiseptiques, l'huile essentielle de cubèbe constitue un bon choix pour traiter une cystite, une urétrite et une leucorrhée.

• Comme l'essence de cubèbe possède en outre des vertus expectorantes, elle pourra soulager une bronchite, une congestion pulmonaire, une toux, une sinusite, un mal de gorge en favorisant l'élimination du mucus. Vous pouvez également l'essayer pour traiter des problèmes digestifs et des flatulences.

Cyprès

(Cyprès toujours vert)

Cupressus sempervirens

Le cyprès est inséparable des paysages méditerranéens, tant dans le Sud de la France qu'en Italie, en Espagne ou en Grèce. Les propriétés médicinales de l'huile de l'arbre dédié à Hadès, dieu grec des Enfers, sont connues depuis l'aube des temps. Sachez que l'huile de cyprès est l'une des plus douces et des moins dangereuses que vous puissiez trouver. Elle est obtenue à partir des feuilles, des tiges et des aiguilles de l'arbre. Son parfum dégage une saveur douce et une puissante odeur de résine qui s'accorde bien avec le genièvre, le pin, le romarin et le santal.

Indications

• L'huile essentielle de cyprès est un tonique et un régulateur de la sécrétionde sébum qui convient parfaitement aux peaux grasses. Elle tonifie les tissus et contracte les petits vaisseaux sanguins, ce qui effacera les plaques très inesthétiques suite à l'éclatement des vaisseaux capillaires. Je vous la conseille également en cas de blessure, car elle réduira le saignement. Vous pouvez enfin l'ajouter à votre déodorant pour vous protéger des insectes, ou l'utiliser en bain de bouche en cas de pyorrhée dentaire.

• Le parfum du cèdre plaît aux hommes et, comme son huile essentielle est astringente, elle sera idéale dans un après-rasage.

• Stimulant du système circulatoire, elle donnera du tonus et réchauffera des mains ou des pieds froids. Elle calmera également les crampes musculaires et les rhumatismes. En application locale chaude, dans une huile de bain ou en massage, l'huile essentielle de cèdre apaisera des crampes et des spasmes de l'utérus. Elle régulera le cycle menstruel et réduira des règles trop abondantes. Enfin, je vous la recommande pour traiter le syndrome prémenstruel et certains effets désagréables de la ménopause.

• En ajoutant un peu d'huile essentielle de cyprès dans une inhalation ou une pommade pour frictionner la poitrine, vous calmerez une crise d'asthme, un rhume, une bronchite et certains symptômes de la coqueluche.

• Étant à la fois un puissant astringent et un tonique des systèmes circulatoires, l'huile essentielle de cyprès sera d'une grande utilité pour soigner des problèmes liés à des excès de fluides ou à une mauvaise circulation: œdèmes, transpiration excessive, hémorroïdes, dysménorrhée, etc. Ses propriétés astringentes seront également utilisées pour traiter les écoulements de pus. Des compresses froides soulageront les hémorroïdes et les varices douloureuses.

• En règle générale, l'essence de cyprès est à conseiller pour soigner tous les dysfonctionnements du système génito-urinaire féminin, en particulier les problèmes menstruels et la ménopause. Par son effet diurétique, elle est capable de soulager une cystite ou une urétrite.

• Le cyprès réduit le stress et la tension nerveuse. Il apporte un certain réconfort lors d'une séparation ou après la disparition d'un être cher, aidant à tourner la page. On dit aussi qu'il favorise l'introspection…

Encens

(Oliban)

Boswellia carteri

L'encens, brûlé dans les cérémonies religieuses depuis la plus haute Antiquité et aujourd'hui répandu sous forme de bâtons pour assainir l'air, est extrait de l'oliban, un arbrisseau originaire d'Éthiopie. En se fendillant naturellement, l'écorce excrète une résine aromatique qui, après distillation, donnera une huile essentielle au parfum épicé, boisé et sucré. Vous pourrez l'associer au basilic, au cyprès, à la lavande, au patchouli, au pin, au santal et aux diverses essences à base d'agrumes. En raison de son arôme si particulier et de son rôle de fixatif, l'huile essentielle d'encens est très utilisée en parfumerie. Elle entre dans la composition de savons et de nombreux produits cosmétiques.

Indications

• Si on a brûlé de la résine d'encens pendant des siècles, c'est sans doute parce qu'elle détruit les bactéries à l'origine des infections… Mais là n'est pas sa seule vertu! L'essence d'encens contracte et tonifie les tissus. Elle stabilise la sécrétion de sébum des peaux grasses, retarde le vieillissement de l'épiderme et repousse l'apparition des rides: on dit même qu'elle est capable de les atténuer ou de les effacer! Enfin, c'est un excellent désinfectant pour soigner un furoncle, une plaie ou un ulcère purulents.

• L'huile essentielle d'encens est particulièrement efficace en cas de congestion pulmonaire. Elle fluidifie le mucus bronchique, facilitant ainsi l'expectoration, tout en agissant comme antiseptique des voies aériennes supérieures. Massée sur la poitrine, elle ralentira le rythme de la respiration, ce qui peut être utile en cas de crise d'asthme. En inhalation ou dans une huile de massage, elle soulagera la toux, la bronchite chronique, la laryngite et le souffle court.

• L'encens stimule et renforce l'utérus, surtout lors du travail d'accouchement. Il régule les règles importantes.

• Il aide l'intestin à expulser les gaz. Plus généralement, il facilite la digestion.

• En raison de ses propriétés diurétiques et antiseptiques, je vous le recommande en cas de problèmes urinaires, de cystites, d'urétrites et de pertes blanches.

• L'encens calme les tempéraments par trop impétueux… Il réduit le stress et calme la nervosité. On dit parfois qu'à force de trop penser au passé, on en oublie le présent… Cette ancienne huile sacrée nous rappelle qu'il faut vivre aujourd'hui et maintenant.

Précautions d'emploi

Faire un test sur l'épiderme au préalable, l'huile essentielle d'encens pouvant irriter certaines peaux sensibles.

Eucalyptus

(Eucalyptus globuleux)

Eucalyptus globulus

Comme antiseptique naturel, l'huile essentielle d'eucalyptus n'a guère de rivale! L'essence est obtenue principalement par distillation des feuilles fraîches et des tiges de l'Eucalyptus globulus ou eucalyptus globuleux, le grand et le magnifique arbre de Tasmanie. Son parfum frais et camphré se marie bien avec la lavande, le romarin et le pin. Parmi les quelque 600 espèces d'eucalyptus, plusieurs variétés sont dotées de vertus aromatiques, à commencer par *Eucalyptus radiata* (à l'arôme moins puissant, et donc plus agréable à respirer), *Eucalyptus maculata* (à la saveur citronnée) et *Eucalyptus dives* (à l'odeur proche de la menthe poivrée).

Indications

• L'huile essentielle d'eucalyptus est idéale pour soigner des brûlures, des ampoules, des coupures, des blessures et des plaies, car elle prévient l'infection bactérienne et soulage la douleur en engourdissant les nerfs. Vous l'utiliserez aussi à faible dose dans vos crèmes de soin contre l'herpès labial et génital.

• C'est l'une des meilleures essences pour venir à bout des poux, soulager les piqûres d'insectes et repousser les assauts de ces bestioles ailées.

• Dans une huile de bain ou dans une crème de massage, l'huile essentielle d'eucalyptus soulagera des muscles endoloris ou blessés. Elle calmera également toutes sortes de douleurs, notamment lorsqu'elles sont liées aux rhumatismes ou à une polyarthrite rhumatoïde.

• Très légitimement, l'essence d'eucalyptus passe pour abaisser la température et décongestionner les voies respiratoires : son parfum dégage les bronches, comme on dit. N'hésitez pas à en faire usage en cas de bronchite, de toux, de grippe, de sinusite et d'infections de la gorge. Ajoutée dans un bain de pieds, elle pourra efficacement contrer une poussée de fièvre.

• Antivirale et antibactérienne, l'huile essentielle d'eucalyptus peut enrayer la prolifération des bactéries et des virus dans le corps humain. Parallèlement, elle a un rôle préventif qui protégera les membres de votre famille. Dans un désodorisant ou un diffuseur, ses propriétés antivirales et antibactériennes ralentiront la propagation des épidémies. Une application locale chaude à base d'huile essentielle d'eucalyptus aura un effet diurétique qui, s'ajoutant aux autres actions de cette huile, pourra soulager une cystite ou une urétrite. Enfin, même si cela dépasse le propos de ce livre, c'est avec de l'essence d'eucalyptus que vous pourrez enlever des taches et des traces de graisse particulièrement rebelles.

• On ne le sait pas, mais l'huile essentielle d'eucalyptus fait un peu de « ménage » dans un esprit torturé… Rafraîchissante comme l'air, elle éclaircit les idées et favorise la concentration intellectuelle.

Précautions d'emploi

À éviter en cas d'hypertension.

À éviter chez les personnes sujettes à des crises d'épilepsie.

Tenir l'huile essentielle à l'écart des médicaments homéopathiques et ne jamais l'utiliser en même temps : l'eucalyptus, trop puissant, annihilerait leur effet.

Fenouil

Feniculum vulgare

Cette jolie plante annuelle peuple tous les potagers de France. Sa racine est comestible et ses graines sont utilisées dans les currys ou dans les plats épicés. Quant à ses feuilles, elles donnent un parfum délicieusement anisé aux plats de poisson et aux fruits de mer. Le fenouil possède des vertus curatives reconnues et attestées depuis les temps les plus anciens. Charlemagne n'avait-il pas décrété que le fenouil devait figurer dans son jardin impérial ? C'est la variété *Feniculum vulgare* var. *dulce* qu'on utilise en aromathérapie. L'huile essentielle, obtenue par distillation de graines broyées, se marie bien avec l'encens, le géranium, la lavande, le romarin et la rose. Le fenouil de Florence (*Feniculum azoricum*) est une espèce voisine tout aussi délicieuse, mais on l'utilise seulement en cuisine.

Indications

• L'huile essentielle de fenouil est un tonique qui purifie les peaux grasses. On dit qu'il retarde l'apparition des rides, sans doute parce qu'il a les mêmes propriétés que les œstrogènes.

• Tonique, antispasmodique et purifiant réputé,

l'huile essentielle de fenouil agit sur le système digestif et soulage toutes sortes de problèmes allant de l'indigestion à la constipation en passant par les crampes, les coliques, les nausées, les flatulences et les hoquets. C'est aussi l'une des meilleures essences connues pour traiter l'alcoolisme. Elle renforce et accélère le fonctionnement des glandes. Elle aide le corps à se débarrasser de ses toxines par son action tonique sur le foie, les reins, la rate et l'ensemble du système digestif.

• En raison de ses propriétés antispasmodiques et de son action proche des œstrogènes, l'huile essentielle de fenouil exerce des effets bénéfiques sur le système génital féminin. Elle soulagera notamment les crampes utérines et les problèmes de rétention d'eau. Elle régulera aussi des menstruations faibles ou irrégulières. Au cours du syndrome prémenstruel et après la ménopause, son action stimulante sur la glande surrénale – glande à l'origine de la production d'œstrogènes – permettra d'atténuer les effets liés à la fluctuation ou à l'interruption de la sécrétion hormonale. Enfin, cette dernière action stimulante favorisera aussi la sécrétion lactée chez la femme allaitante.

• L'huile essentielle de fenouil apporte gaieté et consolation. Elle donne le courage nécessaire pour faire certains changements.

Précautions d'emploi

À éviter pendant la grossesse.

Éviter d'utiliser l'huile essentielle de fenouil sur votre peau avant de vous exposer au soleil.

À éviter chez les personnes sujettes à des crises d'épilepsie. Ne pas administrer aux enfants.

Genièvre

(Genévrier commun)

Juniperus communis

Si vous utilisez l'huile essentielle de genièvre, accrochez-vous ! Dotée d'une action puissamment « désintoxiquante », elle peut déclencher ce que j'appellerais une « crise de guérison », c'est-à-dire une réaction de votre organisme qui se trouve subitement débarrassé de ses toxines ! Il faudra attendre que votre corps s'habitue avant de retrouver votre état normal ! La meilleure huile essentielle est obtenue par distillation à la vapeur des baies mûres, d'une couleur violette tirant sur le noir ; une autre essence, de qualité inférieure, étant extraite des baies, mais aussi des aiguilles de l'arbuste. Son arôme est piquant et stimulant. Il s'accorde bien avec les senteurs de cyprès, de lavande, de pin et d'agrumes de manière générale. Du fait de ses propriétés et de son parfum agréable, vous utiliserez surtout l'essence de genièvre dans des désodorisants et des diffuseurs pour assainir l'air des chambres à coucher.

Indications

• Parce qu'elle élimine les toxines accumulées dans le corps, l'huile essentielle de genièvre est indiquée pour traiter l'acné, une dermatite, un psoriasis et l'eczéma.

• Sans jamais dépasser une concentration de 1 %, vous l'ajouterez à une crème, à une huile ou à un gel destinés à des applications locales sur des hémorroïdes.

• Le genièvre est l'une des meilleures huiles essentielles pour se débarrasser de problèmes de peaux ou de cheveux gras.

• Vous pouvez aussi l'utiliser dans différents répulsifs d'insectes, tant pour vous-même que pour votre animal de compagnie : elle lui évitera d'attraper des tiques et des puces.

• L'une des propriétés les mieux connues de l'huile essentielle de genièvre est son action diurétique. Grâce à elle, vous traiterez une rétention urinaire, une hypertrophie de la prostate (sur prescription médicale seulement) et des calculs rénaux. Elle exercera également une action bénéfique en cas de cystite ou d'urétrite.

• L'essence de genièvre joue un rôle très important sur le système digestif. Tonique du foie et formidable agent d'élimination des toxines, elle calmera une intoxication alimentaire, les effets d'un abus de nourritures riches ou d'alcool, ainsi qu'une crise de goutte ou de rhumatisme.

Comme elle possède en outre le pouvoir de stimuler la transpiration et d'abaisser la température corporelle, je vous la conseille pour traiter les états fébriles tels qu'un rhume, une grippe ou tout autre problème infectieux.
• Elle fortifie le système lymphatique et stimule ses fonctions. Je la recommande à toute personne sortant d'une longue maladie.
• En application locale, l'huile essentielle de genièvre déclenche une rougeur et un échauffement cutané qui soulagera des douleurs musculaires.
• L'essence de genièvre a décidément plus d'un tour dans son sac : elle exerce aussi un effet bénéfique sur le système génital féminin. Elle calmera des crampes de l'utérus et régulera ou stimulera les règles.
• L'essence de genièvre exerce un effet apaisant sur l'esprit tout en renforçant le système nerveux. Chez des personnes surmenées ou stressées par leur travail, elle dissipera l'anxiété et fera s'envoler les soucis. Enfin, elle est réputée stimuler le désir sexuel.

Précautions d'emploi

À éviter pendant la grossesse.
À éviter en cas de problèmes rénaux.

Géranium

(Géranium Rosat et Géranium odorant)
Pelargonium graveolens
Pelargonium odorantissimum

Il existe des centaines de variétés de géraniums, mais une poignée d'entre elles seulement est utilisée en aromathérapie. L'huile essentielle est principalement extraite des feuilles, des fleurs et des tiges du géranium Rosat (*Pelargonium graveolens*), au parfum proche de la rose, et du géranium odorant (*Pelargonium odorantissimum*). Plus ou moins forte selon la plante utilisée, l'odeur de l'essence peut être capiteuse, sensuelle ou apaisante. Elle se marie bien avec la plupart des huiles essentielles et équilibre d'autres senteurs. C'est pourquoi on l'utilise beaucoup dans la fabrication des parfums.

Indications

• L'huile essentielle de géranium, avec son pouvoir antiseptique, accélère la guérison des plaies. Elle aide à arrêter les saignements. Vous pourrez l'utiliser pour traiter l'acné, une ecchymose, ainsi que toutes sortes de brûlures. Je vous la recommande aussi pour traiter un eczéma, une ulcération cutanée et des hémorroïdes. C'est également un bon remède contre les poux et la teigne.
• L'essence de géranium convient à toutes sortes d'épidermes. Je la conseille autant pour les soins des peaux sèches que des peaux grasses ou ridées. Elle équilibrera la sécrétion de sébum, la substance grasse émise par les glandes sébacées qui préserve l'élasticité de l'épiderme.
• Le géranium calme la douleur en engourdissant les nerfs. Utilisé en bain de bouche ou en gargarisme, il soulagera des maux de gorge, une amygdalite, et plus généralement les infections buccales.
• Tonique et diurétique, l'huile essentielle de géranium aide le système urinaire et le foie à éliminer les toxines accumulées dans l'organisme.
• Parce qu'elle régule l'action des hormones sécrétées par le cortex surrénal, l'essence de géranium est parfois surnommée l'« huile essentielle des femmes ». Vous pourrez l'utiliser pour régler divers problèmes liés au déséquilibre hormonal : gonflement des seins, symptômes liés au syndrome prémenstruel à la ménopause, etc.
• Le géranium apporte douceur et harmonie. Son parfum à la fois enivrant et apaisant nous fait beaucoup de bien, à nous les femmes. Lors de la délicate étape de la vie que constitue la ménopause, il nous apporte un soutien et un réconfort précieux en calmant nos états dépressifs et notre irritabilité.

Précautions d'emploi

Faire un test sur l'épiderme au préalable, l'huile essentielle de géranium pouvant irriter certaines peaux sensibles.

Gingembre

Zingiber officinale

Les vertus culinaires et thérapeutiques du rhizome de gingembre, tant sous forme fraîche que de poudre déshydratée, sont connues et utilisées de très longue date. En Asie tropicale, dont cette plante herbacée est originaire, son arôme passait jadis pour protéger de l'attaque des tigres ! L'huile essentielle est distillée à partir de la racine. Son parfum riche et épicé peut s'allier avec la lavande, le citron, l'orange et le petit grain.

Indications

• Le gingembre est un stimulant du système digestif et de la production de sucs gastriques. Il donne de l'appétit, facilite la digestion, soulage les crampes ou les spasmes des intestins et de l'utérus. Il est également capable de calmer une diarrhée, une colique, des flatulences, un estomac un peu barbouillé ou une nausée matinale. C'est le meilleur remède contre le mal des transports : avalez une gélule ou un peu de poudre de gingembre 1 heure avant le départ, puis inhalez l'odeur de son huile essentielle toutes les 30 minutes pendant le voyage et le tour est joué !

• En raison de son action analgésique et échauffante, vous ajouterez un peu d'huile essentielle de gingembre dans vos produits de soin contre l'arthrite, les rhumatismes, les problèmes liés à une mauvaise circulation sanguine, les douleurs musculaires, les entorses et les foulures. En application locale, dans une crème ou une huile de massage, l'essence ne devra pas être utilisée à une concentration supérieure à 1 ou 1,5 %.

• L'huile essentielle de gingembre fait baisser la fièvre et stimule la transpiration. Elle est donc parfaitement indiquée pour soigner un catarrhe (inflammation des muqueuses), un refroidissement, un rhume, une grippe, une sinusite, un mal de gorge et pour calmer la toux.

• Est-il nécessaire d'évoquer les vertus aphrodisiaques du gingembre ? Sachez aussi qu'il vous donnera beaucoup de tonus, qu'il dissipera votre tension nerveuse et qu'il vous donnera confiance en vous.

Précautions d'emploi

Faire un test sur l'épiderme au préalable, l'huile essentielle de gingembre pouvant irriter certaines peaux sensibles.

Girofle

(Clou de girofle)

Eugenia caryophyllata

Le fameux clou de girofle, avec son arôme caractéristique, est obtenu par déshydratation de la terminaison florale du giroflier, arbre originaire de Madagascar appartenant au genre *Eugenia*. L'huile essentielle est distillée à partir des boutons séchés. Elle a une odeur piquante et un parfum d'épice. On la trouve souvent dans les pâtes dentifrices, dans les préparations dentaires en général, dans certaines boissons et dans un large éventail de préparations culinaires.

Indications

• L'huile essentielle de girofle est excellente dans les produits de soin contre les plaies infectées, les ulcères variqueux, l'acné, le pied d'athlète, les ecchymoses ou les brûlures.

• Soulager une rage de dents avec un clou de girofle ou avec son huile essentielle n'est pas un secret ! C'est en engourdissant les nerfs que les substances présentes dans la fleur de giroflier réduisent la sensation douloureuse. Ces propriétés analgésiques calmeront également des souffrances liées à une ulcération buccale, une névralgie, une arthrite ou des rhumatismes.

• L'action bénéfique de l'huile essentielle de girofle sur la digestion ne sera pas non plus pour vous une découverte. Utilisée en compresses froides ou chaudes, dans une huile de bain ou de massage, elle fortifiera votre système digestif, soulagera vos spasmes intestinaux, facilitera l'expulsion des gaz et calmera votre envie de vomir. En outre, elle rafraîchira une mauvaise haleine due à la fermentation gastrique.

• L'essence de girofle renforce les glandes et stimule leurs fonctions. Vous l'utiliserez souvent dans vos huiles de massage pour frictionner la poitrine d'une personne atteinte d'asthme ou de bronchite. Par la même occasion, elle agira aussi comme répulsif d'insectes.

• Pourquoi vous contenter de peu alors que le meilleur est à portée de main ? L'huile essentielle de girofle vous donnera force, endurance, assurance et détermination. Agissant très profondément sur votre mental, elle stimulera aussi votre mémoire.

Précautions d'emploi

Ne jamais utiliser pur en forte concentration dans des préparations de soins cutanés.

Jasmin

Jasminum officinale

Pour la plupart des gens, les fleurs blanches ou jaunes du jasmin évoquent immédiatement une odeur sucrée et entêtante. L'essence est parfois surnommée la « reine des huiles essentielles », sans doute parce qu'elle est l'une des plus coûteuses sur le marché (sa fabrication est lente et réclame plusieurs opérations). Elle intervient très fréquemment dans la confection des parfums haut de gamme. L'huile essentielle de jasmin est extraite des fleurs qu'il faut couper la nuit, quand leur parfum s'épanouit pleinement ! Sa fragrance sensuelle, exotique et apaisante, se marie avec la plupart des huiles essentielles, à commencer par les essences de rose et d'agrumes.

Indications

• L'huile essentielle de jasmin adoucit et satine les peaux sèches ou irritées. Elle équilibre la sécrétion de sébum, ce qui permet de la conseiller pour traiter la plupart des problèmes de peau, en particulier des dermatites.

• Ajoutée à un shampooing ou à une lotion capillaire, l'essence de jasmin embellira vos cheveux et leur donnera une grande brillance.

• L'essence de jasmin fortifie l'utérus, notamment après un accouchement, mais on évitera cependant d'en faire usage avant le travail. Pendant les règles, elle soulage les douleurs menstruelles et les crampes utérines.

• À la suite d'un choc émotif ou en état d'anxiété, l'huile essentielle de jasmin calmera les palpitations ou une respiration haletante. Elle réduira également la pression sanguine.

• C'est l'une des essences les plus efficaces pour soulager les états dépressifs. Stimulante et tonique, elle aidera celles et ceux qui manquent de projets dans la vie. Mais la senteur du jasmin est surtout connue pour sa capacité à susciter et augmenter le désir sexuel !

Précautions d'emploi

À éviter pendant la grossesse.

Utilisée excessivement, l'huile essentielle de jasmin peut engendrer des maux de tête et des nausées.

À éviter chez les très jeunes enfants.

Laurier

(Laurier noble dit aussi Laurier d'Apollon)

Laurus nobilis

L'arbre majestueux consacré à Apollon, appelé aussi « laurier des poètes », se reconnaît à sa belle frondaison luisante d'un vert sombre. On le voit souvent dans les jardins comme arbre d'ornement. Ses feuilles délicatement lancéolées, avec leur arôme épicé, donnent une saveur très agréable aux plats. On en met aussi parfois dans les aliments secs pour éloigner les charançons. Dans l'Antiquité, les Grecs et les Romains s'en servaient pour tresser des guirlandes ou des couronnes en l'honneur des héros victorieux.

L'huile essentielle est distillée à la vapeur à partir des feuilles et des tiges. Son odeur épicée et un peu médicamenteuse se marie bien avec la sauge sclarée, le cèdre, le cyprès, l'eucalyptus, le gingembre, la lavande, la marjolaine, le romarin et toutes les huiles essentielles à base d'agrumes. Le laurier est présent dans toute une gamme de produits : détergents ménagers, cosmétiques, et bien sûr les plats cuisinés.

Indications

• Comme toutes les huiles épicées, le laurier stimule le système digestif grâce à son effet tonique sur le foie et la vésicule biliaire. On utilisera son huile essentielle en petites quantités (2 à 3 gouttes pour 40 ml d'huile végétale) pour masser l'abdomen et soulager les problèmes d'indigestion, de flatulence, ou pour redonner de l'appétit.

• Stimulant du système immunitaire et des glandes sudoripares, l'huile essentielle de laurier sera ajoutée dans des inhalations ou dans des huiles de massage. Elle soulagera ainsi des fièvres, des problèmes infectieux et des bronchites.

Précautions d'emploi

À éviter pendant la grossesse.

Appliquer seulement sur des régions limitées du corps.

Déconseillée dans les bains, car elle pourrait causer des irritations cutanées.

Lavande

(Lavande vraie et Lavande aspic)

Lavandula augustifolia, Lavandula officinalis, Lavandula vera (Lavande vraie ou lavande officinale)

Lavandula latifolia, Lavandula spica (Lavande aspic)

En raison de ses vertus « équilibrantes », la lavande est utilisée depuis des siècles. Aujourd'hui, son huile essentielle est l'une des plus appréciées au monde. La liste de ses applications en aromathérapie est impressionnante, sans comparaison avec la plupart des autres essences. Dans le cas où vous ne pourriez vous offrir qu'une seule huile essentielle, ce serait celle-là, sans la moindre hésitation!

Elle ne présente aucun danger: versatile et très douce, vous pourrez même l'utiliser pure sur de petites parties de votre épiderme! L'huile essentielle de lavande est obtenue par distillation à la vapeur des épis floraux de couleur bleue et des feuilles linéaires aromatiques. La plus recherchée est extraite des plantes qui couvrent d'immenses espaces en Provence. Il existe plusieurs centaines de variétés différentes de lavandes. Pour l'aromathérapie médicinale, j'avoue avoir un faible pour la lavande aspic, car elle me paraît exercer un effet plus « en profondeur ». En parfumerie en revanche, je choisirais plutôt *Lavandula augustifolia*. Sa fragrance est en effet plus douce et sucrée que celle de l'espèce aspic, sans doute trop forte et pénétrante pour un tel usage. L'industrie du parfum ne s'y est d'ailleurs pas trompée, puisqu'elle marque une nette prédilection pour la lavande officinale dite aussi lavande vraie! Quelle que soit la variété choisie, vous pourrez marier l'huile essentielle de lavande avec les essences de bergamote, d'eucalyptus, de géranium, de jasmin, de romarin et d'agrumes.

Indications

• Antiseptique et favorisant le renouvellement cellulaire, l'huile essentielle de lavande est l'une des essences les plus recommandables pour les soins de l'épiderme et des maladies de peau. C'est un antibiotique et un antiviral qui accélérera la cicatrisation et soulagera la douleur. Reprenez votre respiration et voyez à quel point elle n'est pas avare de bienfaits: vous l'utiliserez pour traiter un abcès, l'acné, des allergies, un pied d'athlète, un furoncle, une ecchymose, une inflammation cutanée, une dermatite, un eczéma, une piqûre d'insecte et l'éventuelle infection engendrée par le dard, un psoriasis, la gale, un coup de soleil, une brûlure superficielle, une plaie, une pustule, un bouton, une blessure et contre la teigne. Et ce n'est pas tout... Elle réduit aussi les odeurs corporelles quand on en ajoute dans un déodorant!

• L'essence de lavande stimule les glandes et les aide à mieux fonctionner. Elle soulage les problèmes digestifs, respiratoires ou urinaires. Elle apaisera des crampes et des spasmes de l'utérus ou de l'intestin. Elle favorisera par ailleurs la sécrétion biliaire. Enfin, elle aidera les intestins à expulser les gaz et régularisera le flux menstruel.

• Dotée à la fois de propriétés antiseptiques, antivirales, antibiotiques et expectorantes, l'huile essentielle de lavande constituera un ingrédient de choix lorsque vous préparerez des inhalations ou des baumes de poitrine destinés à soulager une bronchite, une toux persistante, un rhume, une laryngite, un mal de gorge ou l'excès de mucus bronchique.

• L'essence de lavande est bien connue pour soulager les douleurs et les inflammations causées par une arthrite, un lumbago, un rhumatisme, une sciatique et, de manière générale, toutes les souffrances liées à des tensions musculaires. Dans tous les cas, vous l'utiliserez dans vos huiles de bain ou de massage en synergie avec d'autres huiles essentielles. Vous maximiserez ainsi les effets de cette substance ô combien bénéfique.

• En cas de baisse d'énergie ou de moral en berne, rien de mieux que l'huile essentielle de lavande ! Elle est capable de calmer et de donner un peu de rigueur à l'esprit le plus torturé ! Elle réduira le stress et calmera la nervosité. Enfin, elle soulagera vos maux de tête et vos problèmes d'insomnie.

Précautions d'emploi

Ne pas utiliser pendant les quatre premiers mois de grossesse – et pendant une période encore plus longue en présence d'antécédents de fausse couche.

Lemon-grass

Andropogon citratus

La cuisine du Sud-Est asiatique fait grand usage de la partie inférieure blanche et pulpeuse des tiges du lemon-grass (de l'anglais *lemon*, citron ; et grass, herbe). L'huile essentielle est extraite en broyant et en pilant les feuilles coriaces et non comestibles. Son fort parfum frais et citronné se mélange bien avec les essences de cèdre, de géranium, de jasmin, de néroli, de palmarosa, de romarin et de tea-tree.

Indications

• L'huile essentielle de lemon-grass tonifie, rafraîchit et purifie la peau. Vous l'ajouterez à vos remèdes pour traiter le pied d'athlète et toute autre infection liée à un champignon : ses propriétés antifongiques et désodorisantes feront merveille ! Mettez-en également dans vos déodorants et dans vos répulsifs contre les insectes de manière à protéger votre famille et votre animal de compagnie contre les assauts des puces, des poux et des tiques.

• L'huile essentielle de lemon-grass n'est pas seulement un antibactérien et un antifongique. C'est également un antiseptique puissant et un excellent tonique. Capable de faire baisser la fièvre, elle sera très utile pour prévenir et traiter des maladies infectieuses. Vous mettrez enfin à profit sa capacité de renforcer l'organisme en l'administrant à des personnes convalescentes.

• Le lemon-grass favorise la circulation sanguine et l'élimination de l'acide lactique. Il soulagera les douleurs musculaires et les pieds endoloris.

• Dans un shampooing, l'essence de lemon-grass donnera beaucoup de brillance à votre chevelure.

• Agissant sur le système nerveux, l'essence de lemon-grass peut soulager la dépression et réduire le stress. Plus généralement, il redonnera de l'énergie et de l'entrain à des personnes épuisées nerveusement.

Précautions d'emploi

Faire un test préalable sur la peau, l'huile essentielle de lemon-grass pouvant irriter certaines peaux sensibles.

Dans un bain, ajouter seulement 3 gouttes d'huile essentielle de lemon-grass et ne jamais dépasser une concentration de 1 % dans un remède. Ne pas administrer aux bébés ni aux enfants en bas âge.

Mandarine

(Mandarinier)

Citrus reticulata

Le mandarinier est un arbre dont les fleurs à l'odeur capiteuse produisent l'agrume que vous connaissez bien. L'huile essentielle est obtenue à partir du zeste du fruit mûr. Il en existe une seconde, de moins bonne qualité, que l'on extrait des feuilles et de leurs tiges. L'essence de mandarine est douce et délicate. Sans danger aucun, vous pourrez l'utiliser pour soigner des enfants, des personnes âgées et pendant la grossesse. Elle constituera en outre un excellent remontant pour les personnes convalescentes. Le parfum de l'huile essentielle de mandarine est puissant, à la fois délicieusement sucré, citronné et agrémenté d'une délicate note florale. Il se mariera bien avec le basilic, la bergamote, le poivre, la camomille, le pamplemousse, la lavande, le citron, la lime, le néroli, l'orange, la palmarosa, le petit grain et la rose.

Indications

• Vous utiliserez cette huile essentielle dans vos traitements préventifs et curatifs contre les cicatrices et les vergetures. Elle permettra aussi d'atténuer les rides et autres signes du vieillissement de la peau.

• L'une des principales propriétés de cette huile à l'odeur délicieuse est son action tonique sur le système digestif. Elle soulagera les crampes et les spasmes de l'intestin, stimulera la production de bile, favorisera la digestion et augmentera l'appétit. Elle facilitera l'expulsion des gaz de l'intestin et calmera les indigestions d'origine nerveuse, ainsi que la constipation et le hoquet.

• Je vous la recommande tout particulièrement pour les « petits bobos » de bébé : coliques, douleurs intestinales, vomissements, etc. Les propriétés sédatives de l'huile essentielle de mandarine calmeront l'anxiété et la nervosité de votre bambin.

• L'essence de mandarine rend gai. Elle soulage l'insomnie, réduit le stress et exerce une légère action sédative sur l'ensemble du système nerveux.

Menthe poivrée

Mentha piperata

La rafraîchissante menthe poivrée est une herbe vivace très répandue dans les régions tempérées humides. Ses feuilles sont utilisées en cuisine et dans l'industrie alimentaire de mille et une manières : elles agrémentent les salades, aromatisent le thé (le fameux thé à la menthe) et de nombreuses boissons, liqueurs, sodas et sirops. Les hommes ont été attirés très tôt par sa saveur fraîche : les Égyptiens la cultivaient déjà. De l'Antiquité à nos jours, la menthe poivrée est demeurée l'une des plantes les plus utilisées pour ses propriétés thérapeutiques.

L'essence de menthe poivrée est extraite des feuilles par distillation à la vapeur. Elle est fortement concentrée en menthol, son constituant chimique le plus important, un alcool qui se cristallise en aiguilles incolores. Le parfum de l'huile essentielle est puissant et doté d'une saveur fortement camphrée. Il s'accorde bien avec le benjoin, l'eucalyptus, la lavande, la marjolaine, le citron, le romarin et sa voisine, la menthe verte.

Indications

• En ajoutant 2 ou 3 gouttes d'huile essentielle de menthe poivrée dans une fumigation, vous décongestionnerez votre peau et éliminerez les bactéries. Vous traiterez ainsi l'acné, une dermatite, des démangeaisons, la gale ou la teigne.

• Ce n'est pas une surprise : la menthe est l'une des meilleures huiles essentielles pour rafraîchir l'haleine et soigner des problèmes digestifs, notamment en cas d'indigestion, de nausée, de maux de ventre ! Elle stimulera la production de bile, tonifiera le foie et favorisera l'expulsion des gaz présents dans l'estomac ou les intestins. Si vous éprouvez des difficultés à digérer un repas, versez 25 cl d'eau chaude dans un verre, ajoutez 1 goutte d'huile essentielle de menthe poivrée et un peu de miel ; agitez et buvez le breuvage d'un trait. Le rot qui devrait suivre presque immédiatement vous apportera déjà un immense soulagement ! Le même traitement sera prescrit pour soulager des nausées et des vomissements causés par une intolérance alimentaire ou par le mal des transports. Évidemment, vous trouverez en pharmacie toutes sortes de pilules dragéifiées à base d'huile essentielle de menthe poivrée. Elles délivrent leur substance active en atteignant l'intestin. Là, elles soulageront très efficacement une colique douloureuse ou le syndrome du côlon irritable.

• Si vous pensez couver un rhume ou une grippe, mélangez 3 gouttes d'huile essentielle de menthe poivrée, 3 gouttes d'huile essentielle de marjolaine et 4 gouttes d'huile essentielle de lavande dans 5 ml d'huile végétale. Versez le tout dans un bain chaud et profitez de l'agréable sensation de chaleur. Un conseil, pendant que vous êtes dans votre baignoire, jouez les grands malades et faites-vous apporter un thé à la menthe et au citron : cela vous fera transpirer et facilitera l'élimination des bactéries ! Si c'est déjà trop tard et que vous présentez déjà des symptômes de rhume ou d'un état grippal, l'huile essentielle de menthe poivrée vous soulagera. Elle aura un effet expectorant et fera baisser votre fièvre.

• Ses propriétés rafraîchissantes et analgésiques sont extrêmement précieuses pour apaiser des jambes fatiguées ou des pieds échauffés. Ajoutez 1 % d'huile essentielle de menthe poivrée dans un gel ou un vaporisateur et appliquez sur vos membres endoloris. Attention, n'essuyez pas ! Attendez que le produit ait bien pénétré dans l'épiderme.

• En appliquant sur le front des compresses froides imbibées d'huile essentielle de menthe poivrée, vous soulagerez les maux de tête, la fatigue intellectuelle, le stress, un choc émotionnel, mais aussi des vertiges et des syncopes. Vous pouvez mettre le flacon d'essence sous le nez d'une personne évanouie pour lui faire reprendre connaissance. Dans le même but, versez quelques gouttes d'huile essentielle de menthe poivrée dans un diffuseur ou ajoutez-en dans un désodorisant.

• Par ailleurs, la menthe est excellente pour repousser les insectes et les rongeurs qui semblent détester particulièrement son odeur !

• La menthe est un stimulant intellectuel qui éveille et éclaircit l'esprit. Elle vous aidera à être plus positif et à chasser vos idées noires. Enfin, elle exercera un pouvoir calmant en cas de choc affectif, d'hystérie ou de tachycardie.

Précautions d'emploi

À utiliser en faibles dosages dans vos remèdes (0,5 % est suffisant).

À éviter pendant la grossesse.

Ne pas utiliser l'huile essentielle en conjonction avec des remèdes homéopathiques et conserver le flacon dans un endroit à part.

Palmarosa

Cymbopogon martinii var. *martini*

La palmarosa appartient à la famille cymbopogon, dont sont issus le lemon-grass et la citronnelle. L'huile essentielle est distillée à la vapeur ou à l'eau à partir de l'ensemble de la plante. Son parfum, sucré, fleuri et résistant, se retrouve dans certains savons. Il rappelle un peu celui de la rose. Vous pourrez l'associer aux senteurs de bergamote, de citronnelle, de géranium, de cèdre, de jasmin, de lavande, d'orange, de petit grain, de santal et d'ylang-ylang. Cette essence est peu connue et assez difficile à trouver. Pourtant, je la conseillerais en priorité pour les soins de tous les types de peaux en raison de sa « triple action » : elle hydrate l'épiderme, stimule la régénération cellulaire et régule la sécrétion de sébum.

Indications

• Quel dommage que les merveilleux bienfaits de l'huile essentielle de palmarosa soient si peu connus... Pour tout vous avouer, j'en mets dans toutes mes préparations de soins pour la peau ! L'essence de palmarosa est sans pareille pour maintenir l'épiderme dans le meilleur équilibre possible. Elle hydrate parfaitement la peau, stimule sa régénération et régule la sécrétion de sébum. Si vous l'utilisez régulièrement, vous verrez avec étonnement vos rides s'atténuer – parfois même s'effacer ! Et ce n'est pas tout ! Cet étonnant élixir de jouvence est le meilleur antibactérien que je connaisse... C'est le traitement n° 1 en cas de crise d'acné, de dermatite, d'eczéma, de bouton disgracieux ou, de manière générale, d'infection cutanée.

• L'action antibactérienne de l'essence de palmarosa n'agit pas seulement sur la peau, mais également sur le système digestif. Là encore, quand il s'agit de combattre une infection intestinale, vous aurez du mal à trouver une huile essentielle plus efficace !

• L'huile essentielle de palmarosa est un remontant qui redonne un bon équilibre mental. Elle réduit le stress et l'anxiété.

Pamplemousse

(Pamplemoussier)

Citrus paradisii

Le pamplemousse, tant la pulpe que le jus du fruit, joue un rôle fondamental dans une bonne hygiène alimentaire. Sa teneur en vitamine C donne un coup de fouet très salutaire, surtout quand on déguste cet agrume au petit déjeuner. La meilleure huile essentielle est obtenue à partir de la peau du fruit frais et bien mûr, l'huile distillée étant de qualité inférieure. Son parfum – nul ne s'en étonnera – est frais et citronné. On pourra l'associer au persil, à la bergamote, au cèdre, à la camomille, à l'encens, au géranium, à la palmarosa, au bois de rose et à l'ylang-ylang.

Indications

• L'huile essentielle de pamplemousse contracte et stimule les tissus. Vous l'utiliserez dans vos produits de soin pour les peaux grasses et pour traiter l'acné.

• On dit que l'essence de pamplemousse dissipe l'acide lactique sécrété dans les muscles trop sollicités. Elle serait donc capable de les assouplir et ainsi de soulager la douleur ou la fatigue musculaire tout en limitant les risques de crampes.

• Dans une huile de bain ou un gel de douche, elle constituera un excellent remède pour se remettre du décalage horaire ou de la fatigue d'un voyage.

• L'huile essentielle de pamplemousse stimule le système digestif. Elle a un effet purifiant sur les reins, le foie, la vésicule biliaire et le système lymphatique. Elle aide l'organisme à se débarrasser de ses excès de toxines.

• L'huile essentielle de pamplemousse est indiquée en cas de dépression, d'état léthargique ou de fatigue nerveuse. Elle passe aussi pour améliorer la mémoire.

Patchouli

Pogostemon cablin

La plante est originaire de la côte orientale de l'Inde et d'Asie du Sud-Est. On la cultive pour produire une huile aromatique très largement utilisée dans l'industrie du parfum comme fixatif ou pour créer des fragrances sensuelles, puissantes et capiteuses. L'huile essentielle est obtenue par distillation à la vapeur des feuilles de patchouli (du tamoul *patch ilai*, littéralement « vert feuille »). Sa senteur chaude, terreuse et lourde, parfois associée au rire du dieu Pan, passe pour apporter mesure et équilibre… à condition toutefois de pouvoir la supporter ! De plus, à la différence d'autres huiles essentielles, le parfum typiquement oriental du patchouli se renforce en vieillissant ! Voilà un petit truc si vous êtes rebuté par le fumet pas très discret de l'huile essentielle de patchouli : utilisez-la en très petites quantités et associée à d'autres essences, son puissant parfum sera alors pratiquement neutralisé !

Indications

• L'huile essentielle de patchouli réduit l'inflammation, ainsi que les infections d'origine bactérienne ou fongique. Elle favorise aussi la régénération cellulaire. Du fait de cette impressionnante liste de propriétés, elle est très utile pour les soins de peau et pour traiter les maladies cutanées. Vous pouvez l'utiliser pour traiter l'acné, une dermatite, un eczéma purulent, des infections fongiques et autres piqûres d'insectes. Enfin, son action astringente favorise le resserrement d'une peau distendue et gomme les plis disgracieux.

• L'essence de patchouli possède un rôle diurétique. Je vous la conseille si vous avez des problèmes de rétention d'eau. En outre, elle n'est certainement pas sans effet en cas de cystite et d'urétrite.

• Le patchouli évoque pour moi la moisson – un temps fort de l'année, synonyme de richesse, de fertilité et d'abondance. Essayez son essence pour ranimer une relation que la routine a rendue un peu monotone et ronronnante !

Pin

(Pin sylvestre)

Pinus sylvestris

On a recensé plusieurs centaines d'espèces de ce résineux dans le monde. Le pin sylvestre est celle que l'on rencontre le plus fréquemment, en particulier dans les grandes forêts alpines et en Sibérie. L'huile essentielle est distillée à la vapeur à partir des aiguilles et des pommes de pin. Il est difficile de résister à son odeur fraîche et franche. C'est pourquoi cette essence jouit d'un tel succès commercial, et que sa fragrance agrémente une kyrielle de produits ménagers, depuis les désinfectants jusqu'aux détergents en passant par les insecticides. Vous pourrez associer son enivrant parfum de résine et de térébenthine aux senteurs de cèdre, de sauge sclarée, d'eucalyptus, de romarin et de tea-tree.

Indications

• L'essence de pin est l'une des meilleures huiles essentielles pour traiter la gale, les coupures et les plaies, ou pour venir à bout des poux.

• L'huile essentielle de pin est un antiseptique et un expectorant puissant qui agit avec une grande efficacité sur le système respiratoire. Dans le bain ou une huile de massage, en inhalation ou dans un désodorisant, elle fluidifiera le mucus bronchique et facilitera son élimination. En outre, elle vous fera transpirer et fortifiera votre organisme. L'ensemble de ces propriétés sera très bénéfique en cas de bronchite, de catarrhe, de toux persistante, de sinusite, de maux de gorge, de rhume et de grippe.

• L'essence de pin réchauffe et détend les muscles fatigués ou endoloris. Petite fille, quand j'étais fatiguée ou un peu ronchonne, ma mère me faisait couler un bain qui sentait la pinède (de l'huile essentielle de pin et des sels de magnésium). J'avoue le faire encore maintenant, et cela me réussit toujours aussi bien. Les personnes souffrant d'arthrite, de rhumatisme, de douleurs et de tensions musculaires, de mauvaise circulation, de goutte, de fatigue physique ou nerveuse trouveront également grand bien à prendre un tel bain relaxant aussi bien le corps que l'esprit.

• Du fait des ses propriétés diurétiques et antiseptiques, l'huile essentielle de pin soulage les cystites, les urétrites et, plus généralement, les infections urinaires.

• L'essence de pin apporte du réconfort. Elle nous rassure sur notre valeur et nous pousse à puiser dans nos propres ressources. Elle nous donne de la force quand on se sent vulnérable ou lorsqu'on manque de confiance en soi.

Précautions d'emploi

Du pin mugo rampant (*Punis mugo*), qui pousse dans les Alpes suisses, est extraite une huile essentielle dangeureuse qui je vous déconseille vivement d'utiliser.

Rose

Rosa centifolia ou *Rosa damascena* ou *Rosa gallica*

Merveilleuse et envoûtante, la rose est appréciée partout pour sa beauté et son parfum enivrant. On a du mal à imaginer que, des siècles durant, cette magnifique fleur était surtout renommée pour ses vertus médicinales : l'eau de rose semble avoir constitué une sorte de remède fourre-tout contre toutes sortes d'indispositions au Moyen Âge ! Mais elle était alors déjà associée à l'image de l'amour et de la pureté, comme en témoigne le long poème du *Roman de la Rose*, écrit au XIIIe siècle par Guillaume de Lorris et Jean de Meung. Cette symbolique perdure aujourd'hui, notamment à travers la coutume d'éparpiller des pétales de rose sur les pas des mariés…

Le rosier est la première plante dont on ait tiré une huile essentielle par distillation. Aujourd'hui, la principale méthode d'extraction est l'enfleurage (voir l'encadré p. 23), seule à même de préserver les fragiles pétales. Cette technique réclame un travail long, délicat, et donc onéreux. Une très grosse quantité de matière première est nécessaire pour obtenir, au bout du compte, une infime quantité d'huile solide dite « absolue ».

L'huile essentielle est obtenue à partir de fleurs de rosiers de diverses espèces (rose *centifolia*, aux fleurs roses doubles et globuleuses ; famille des rosiers de Damas et des rosiers galliques). Son parfum à la fois sucré, sensuel et romantique s'accorde bien à la plupart des autres essences aromatiques.

Indications

• L'huile essentielle de rose convient à tous les types de peaux, particulièrement aux peaux sèches et sensibles. On dit qu'elle est la meilleure essence contre les rides ! Anti-inflammatoire, elle contracte les capillaires, ce qui permet de la conseiller aux personnes affectées de varices. Vous pouvez aussi l'utiliser pour traiter l'eczéma et l'herpès.

• Je dirais aussi que c'est une « huile féminine » : pas seulement par son parfum, mais surtout en raison de son rôle bénéfique sur le système génital de la femme. L'essence de rose tonifie l'utérus et possède un étonnant effet régulateur sur les règles, agissant aussi bien en cas d'aménorrhée, de dysménorrhée, que de menstruations trop abondantes. À cette liste, il convient d'ajouter son pouvoir de soulager les crampes et les douleurs de l'intestin ou de l'utérus, ainsi que sa capacité à diminuer la leucorrhée. On aurait tort de croire cependant que l'huile essentielle de rose n'a aucun effet sur ces messieurs, puisqu'elle a aussi la réputation… d'augmenter leur production de sperme !

• L'essence de rose est un tonique du système digestif. Stimulant le foie, favorisant la sécrétion de bile et capable de soulager une congestion hépatique, elle interviendra dans vos remèdes « digestifs » pour soulager nausées et vomissements. Comme son action tonique s'exerce également sur le cœur, elle calmera les palpitations et améliorera la circulation sanguine.

• Sensuelle sans être voluptueuse à proprement parler, l'huile essentielle de rose nous apprend que, si l'on veut être aimé, il faut porter un regard indulgent sur les autres, sur nous-même, et cesser de nous livrer à une introspection stérile. Délicatement relaxante, elle soulage le stress et la tension nerveuse.

Santal

(Santal blanc ou Bois de santal)

Santalum album

Le santal blanc, originaire d'Inde, est un petit arbre qui se nourrit en parasitant les racines de ses voisins. Réputé élever la spiritualité, le bois de santal est brûlé pour favoriser le recueillement et la méditation dans les sanctuaires bouddhiques. On s'en est longtemps servi pour sculpter les portes des temples, car il fait fuir les vers et résiste à la moisissure tout en donnant aux lieux sacrés une odeur envoûtante. L'huile essentielle est obtenue par distillation à la vapeur du bois du cœur du tronc âgé d'au moins vingt-cinq ans, quand l'arbre atteint plus de 10 m de hauteur. Très recherché aujourd'hui, son parfum épicé immédiatement reconnaissable est utilisé comme fixatif et comme fragrance dans l'industrie du parfum, dans le domaine cosmétique et dans les produits de toilette (après-rasage et savons). La meilleure huile essentielle est originaire d'Inde, le bois de santal d'Australie (*Eucarya spicata*) étant de qualité inférieure. Son parfum peut se marier à la plupart des essences, particulièrement avec le benjoin, la rose, et le néroli.

Indications

• Quel que soit votre type de peau, vous pourrez ajouter cette agréable essence hydratante dans vos huiles de soins quotidiens. Elle sera encore plus indiquée si vous avez une peau sèche, fine, ridée, sensible aux gerçures et aux crevasses. Comme elle hydrate l'épiderme et prévient les inflammations, il faudra aussi l'ajouter dans les après-rasages : en plus, son parfum est très apprécié de la plupart des hommes ! Dans une application locale ou une crème, elle soignera une poussée d'eczéma sec ou d'acné. Elle réduira également des inflammations cutanées.

• Antiseptique, l'essence de bois de santal permet de fluidifier le mucus bronchique et, par suite, de faciliter son expectoration. En inhalation, dans une huile de massage appliquée sur la poitrine ou sur la gorge, elle soulagera une bronchite chronique, des toux grasses ou sèches, ainsi que des maux de gorge.

• Ce n'est sans doute pas pour rien qu'on en a brûlé, pendant des siècles, lors des cérémonies religieuses ! L'huile essentielle de bois de santal favorise l'introspection et la méditation, tout en apaisant les craintes qu'on peut parfois redouter quand on se penche sur de graves questions métaphysiques… Plus prosaïquement, l'essence de santal passe pour l'un des rares authentiques aphrodisiaques. Elle stimulera la libido de tous ceux et de toutes celles qui souffrent d'impuissance ou de frigidité !

Précautions d'emploi

L'odeur de l'huile essentielle de bois de santal est très forte et extrêmement tenace.

À utiliser en très faibles dosages dans les remèdes.

Ylang-ylang

Cananga odorata

Le nom de cet arbre originaire des Moluques signifie « fleur des fleurs » en malais. L'extraordinaire senteur de ses fleurs roses, mauves ou jaunes faisait rêver Mallarmé. C'est à partir de celles-ci, surtout de celles de couleur jaune, qu'est obtenue l'huile essentielle par distillation à la vapeur. L'ylang-ylang a la réputation d'être aphrodisiaque – une croyance liée à une coutume indonésienne selon laquelle on saupoudre de ses fleurs le lit des jeunes mariées lors de la nuit de noces. Sa senteur sensuelle et exotique, très utilisée comme fragrance ou fixatif de parfums, dans les eaux de toilette et les savons, serait-elle le gage d'une union parfaite et durable ? Quoi qu'il en soit, il faut savoir que l'arôme de cette huile est parfois extrêmement sucré, au point de donner la nausée ! Vous y remédierez en la mélangeant avec une essence à base d'agrumes, ou en l'associant à la bergamote, au jasmin, à la rose, au bois de rose ou au santal.

Indications

• L'ylang-ylang est un puissant tranquillisant. C'est sans doute là sa propriété la plus importante, à égalité avec son action de fortifiant du système nerveux. Utilisée rapidement en cas de choc émotionnel, d'angoisse, d'anxiété ou de trac, l'essence d'ylang-ylang fera baisser une pression artérielle trop élevée. Elle ralentira le rythme de la respiration et calmera d'éventuelles palpitations. Évidemment, si les symptômes ne sont pas liés à un traumatisme psychologique, ou si vous n'observez aucune réaction, consultez au plus vite un médecin. L'huile essentielle d'ylang-ylang crée une ambiance calme et apaisante propice à supporter un travail pénible, ou toute autre situation ennuyeuse. Ses propriétés relaxantes seront également précieuses pour enrayer des problèmes de frigidité ou d'impuissance masculine.

• L'ylang-ylang équilibre la sécrétion de sébum. C'est pourquoi son essence convient à tous les types de peaux et qu'on en a ajouté, pendant des années, à des lotions capillaires destinées à favoriser la pousse et la brillance des cheveux.

• Pour son action régulatrice de la production hormonale, je vous conseille l'huile essentielle d'ylang-ylang pour traiter certains problèmes liés au syndrome prémenstruel et à la ménopause.

Les huiles infusées

Elles sont obtenues en faisant macérer longtemps la plante entière (feuilles, tiges et fleurs) dans de l'huile chaude. Très simple, l'infusion est probablement la plus ancienne méthode d'extraction. Elle a été utilisée pendant des milliers d'années, bien avant l'invention de la distillation à la vapeur et des techniques plus modernes à l'aide de solvants volatils.

Les huiles infusées possèdent la plupart des propriétés des huiles essentielles classiques, et parfois même certains effets supplémentaires. Elles sont généralement moins fortes, ce qui rend leur utilisation à la fois plus facile et plus sûre sans dilution préalable. Mais l'un des principaux avantages de la méthode de l'infusion reste de pouvoir profiter de vertus extrêmement bénéfiques de plantes dont il serait difficile, sinon impossible, d'extraire l'essence.

À noter

Les huiles essentielles de néroli, de rose, de camomille, de jasmin et de mélisse ont un point commun : elles sont toutes aussi chères les unes que les autres ! Avec la méthode de l'infusion, vous pourrez profiter de leurs bienfaits tout en déboursant moins. Alors, si vous avez de la matière première sous la main, n'hésitez pas !

- Néroli : infuser les fleurs.
- Rose : infuser les pétales des fleurs.
- Camomille : infuser les fleurs.
- Jasmin : infuser les fleurs.
- Mélisse : infuser les feuilles et les fleurs.

Arnica

Arnica montana

C'est une plante herbacée de montagne qui a reçu d'innombrables noms évocateurs: tabac des Vosges, plantain des Alpes, herbe aux chutes, herbe aux pêcheurs ou encore bétoine des montagnes... L'huile essentielle d'arnica contient un fort pourcentage de substances toxiques. Ce n'est pas du tout le cas de l'huile obtenue par infusion ou de la teinture homéopathique d'arnica (arnicine), autant de produits qui doivent absolument figurer dans une trousse de premiers secours. Appliquée localement, l'arnica stimule la circulation sanguine dans les capillaires de la peau. Elle est l'un des meilleurs remèdes connus contre les entorses, les ecchymoses, les contusions, les douleurs musculaires ou le syndrome du canal carpien. Dans des huiles de massage, elle soulagera également les rhumatismes et les inflammations.

Précautions d'emploi

Ne jamais utiliser de l'huile infusée d'arnica sur une coupure ou une blessure.

Bouillon blanc

(Molène)

Verbascum thapsus

Pour traiter une otite, je ne connais rien de mieux que de mélanger de l'huile infusée de bouillon blanc à un peu d'huile d'olive ! Attention cependant, si le problème est sévère ou s'il se répète souvent, consultez d'urgence un oto-rhino-laryngologiste. Vous pouvez également utiliser l'huile de bouillon blanc pour soulager une plaie ou une inflammation douloureuse, en particulier des hémorroïdes.

Calendula

(Souci officinal des jardins)

Calendula officinalis

L'huile de calendula, obtenue par infusion de la jolie fleur du souci officinal des jardins, possède d'extraordinaires propriétés antiseptiques, cicatrisantes, vasodilatatrices et anti-inflammatoires. Ajoutée à une crème ou à une pommade, elle constitue un traitement idéal pour soigner la plupart des problèmes cutanés : peaux crevassées ou gercées, engelures, brûlures, eczéma, irritations, mains rêches et sèches, érythèmes fessiers, écorchures et coupures, etc. Dans une crème, elle est remarquable pour soulager une inflammation du mamelon. L'huile de calendula est aussi capable d'atténuer de vieilles cicatrices ! Vous pouvez enfin vous en servir pour traiter des ulcérations veineuses et des varices.

Assurez-vous de bien acheter du véritable calendula (souci officinal des jardins). Les huiles de rose d'Inde ou d'œillet d'Inde, aussi appelées « huiles de calendula », possèdent des propriétés différentes mais elles sont inadaptées à un usage thérapeutique.

Consoude

Symphytum officinale

Cette herbe haute doit son nom au grec *symphyton* et au latin *consolida*, qui signifient littéralement « plante qui soude ». C'est dire les pouvoirs cicatrisants et astringents de celle que l'on appelle communément l'« oreille d'âne » ! La liste des pouvoirs thérapeutiques de l'huile infusée de consoude, obtenue à partir de la racine de la plante seulement, est impressionnante : grâce à elle, la guérison des plaies, des brûlures, des escarres, des ulcères, des engelures, des gerçures et des inflammations du mamelon sera considérablement accélérée. Vous pourrez profiter de ses bienfaits en cas d'eczéma, de démangeaisons et de dessèchement de la peau.

Cornaret

(Harpagophytum)

Harpagophytum procumbens

Appelé tantôt « griffes », « ongles », « cornes du diable » ou par son nom latin, le cornaret pousse dans les savanes d'Afrique du Sud et de Namibie. L'huile infusée possède de remarquables propriétés anti-inflammatoires et analgésiques. Elle soulagera très efficacement les douleurs articulaires (arthrite et entorses), rhumatismales ou musculaires, ainsi que les inflammations des tissus connectifs, les tendinites, le syndrome du canal carpien ou tout autre microtraumatisme répété. Dans certaines boutiques diététiques, vous trouverez aussi (avec un peu de chance !) du cornaret sous forme de gélules. Si vous en prenez en conjonction avec des massages à l'huile infusée, vous maximiserez les effets bénéfiques de la plante.

Échinacée

Echinacea purpurea

Commercialisée sous forme de gélules, la racine d'échinacée possède d'étonnantes propriétés antivirales et stimulantes des défenses immunitaires de l'organisme. L'huile infusée, quant à elle, soignera tous les types de peau. Vous pourrez également l'inclure dans vos produits cosmétiques pour gommer des rides, des taches ou des cicatrices.

Fleur de sureau

(Sureau noir)

Sambucus nigra

Vous connaissez bien sûr le bois léger comme une plume de cet arbrisseau et ses baies tantôt rouges, tantôt noires, qui donnent une confiture délicieuse. L'huile infusée est obtenue à partir des fleurs. Pour réaliser des lotions hydratantes ou des crèmes convenant à tous les types de peaux, je vous conseille de la mélanger à de l'huile de calendula. Vous obtiendrez ainsi un véritable produit de beauté, aux vertus à la fois adoucissantes et anti-inflammatoires, qui plus est 100 % naturel !

Millepertuis

Hypericum perforatum

Plante herbacée ou arbustive, le millepertuis doit son nom à ses feuilles parsemées de glandes qui semblent percées d'une multitude de trous. On l'appelle d'ailleurs familièrement l'« herbe à mille trous » ou l'« herbe de la Saint-Jean ». Après macération, les fleurs jaunes du millepertuis donnent une huile de couleur rubis douée de propriétés analgésiques, astringentes et antiseptiques. Vous utiliserez cet excellent remède pour soulager les douleurs occasionnées par une névralgie, une brûlure légère, une blessure, une inflammation musculaire ou articulaire. L'huile infusée de millepertuis se trouve dans la plupart des bons magasins diététiques. Si vous trouvez cette plante en fleurs au bord des chemins, fabriquez-la vous-même, c'est beaucoup plus amusant et bien moins onéreux !

Plantain

Plantain à feuilles étroites ou herbe à cinq côtes *Plantago lanceolata*

Plantain à feuilles larges *Plantago major*

Elle est répandue au bord de tous les chemins de France. En raison de ses puissantes propriétés astringentes et apaisantes, j'utilise beaucoup cette plante herbacée dans mes crèmes de soin pour soulager les douleurs d'une blessure, d'une piqûre d'insecte, ou les démangeaisons des hémorroïdes. Enfin, l'huile infusée de plantain favorise l'arrêt des saignements.

Les huiles végétales et les corps gras

Il s'agit d'huiles nutritives et de corps gras présents dans les tissus végétaux de certaines plantes : graines, amandes, fèves, pulpe de fruits, etc. En règle générale, ces lipides simples ne sont libérés qu'à l'issue de procédés mécaniques, chimiques, ou sous l'effet de la chaleur. Les huiles végétales et les corps gras sélectionnés ici vous serviront de bases pour préparer des huiles infusées, des huiles de massage, des lotions ou des crèmes cosmétiques. Il en existe de nombreuses autres que je n'ai pas citées. Je préfère me limiter à mes huiles préférées : celles que j'ai essayées et utilisées pendant des années. Comme elles m'ont toutes donné, à titre divers, entière satisfaction, je n'hésite pas à vous les recommander.

L'extraction des huiles végétales

Après avoir été lavées et débarrassées de leur poussière, les graines décortiquées et broyées sont pressées pour en extraire l'huile qui sera ensuite raffinée afin d'éliminer les impuretés. De plus en plus souvent, le raffinage est effectué à l'aide d'un solvant qui est ensuite éliminé et recyclé. Méfiez-vous, cette technique est désormais utilisée pour produire l'immense majorité des huiles végétales. Préférez toujours des huiles obtenues par simple pression !

L'huile d'olive est extraite de manière très différente. Les fruits lavés sont broyés avec de l'eau dans une presse, puis le mélange obtenu est centrifugé pour séparer le corps gras. Une filtration permet éventuellement de donner une belle couleur translucide à l'huile d'olive. Celle-ci, obtenue sans aucune intervention chimique, est appelée « huile d'olive vierge » ou « première pression à froid ». Si aucune de ces mentions ne figure sur l'étiquette, ce qui est de plus en plus rare, c'est que l'huile a subi un autre traitement : choisissez-en une autre !

Des huiles pour tous les usages

Les huiles sont classées en trois catégories, selon qu'elles sont non siccatives, semi-siccatives ou siccatives :

Les **huiles non siccatives** restent liquides à la température de la pièce. Elles ne forment pas de film au contact de l'air. Ce sont les mieux adaptées aux peaux normales et sèches. Elles constitueront également vos meilleures huiles de base pour des soins de massage.

Les **huiles semi-siccatives** forment une fine pellicule quand elles restent longtemps au contact de l'air. Elles sont adaptées aux peaux sèches et normales. Vous pouvez aussi les utiliser, mais en petites quantités, dans vos huiles de massage.

Les **huiles siccatives** forment assez rapidement une pellicule au contact de l'air. C'est par exemple le cas de l'huile de ricin ou de lin que l'on ajoute aux peintures industrielles pour écourter le temps de séchage. Ces huiles ne sont pas recommandées comme huiles de massage, car elles formeraient une pellicule sur la peau. Cependant, vous pourrez les utiliser dans des crèmes ou des lotions, car l'émulsion altérera leur siccativité.

Huile à la vitamine E

C'est un mélange de différentes huiles végétales présentant un dosage important de vitamine E, dont les propriétés antioxydantes sont bien connues. Si vous en ajoutez seulement 2 % dans vos produits, ils se conserveront plus longtemps. La vitamine E est également un agent de rajeunissement de la peau. Elle favorisera l'atténuation des cicatrices.

Huile d'amande douce

De couleur jaune et à la saveur peu prononcée, c'est une huile fine, émolliente et non siccative, extraite des graines d'un arbre cultivé en Provence et en Espagne. Elle est excellente dans des crèmes, des lotions et des huiles de massage destinées au traitement de peaux sèches, grasses et mixtes. Elle soulagera les démangeaisons, réduira les inflammations cutanées et favorisera la cicatrisation de petites coupures ou d'épidermes crevassés.

Huile d'avocat

Cette huile de couleur verte contient des vitamines A, D, E et K. Riche et nourrissante, elle est indiquée pour préparer des crèmes hydratantes et des lotions destinées aux peaux sensibles, desséchées ou brûlées par le soleil. Comme elle est riche en vitamine E, elle agira comme conservateur si elle est mélangée à d'autres huiles. Attention, en raison de son importante viscosité, ne l'utilisez qu'à des concentrations de l'ordre de 5 à 10 % dans vos huiles de massage du corps ou de soins du visage.

Huile de carthame

Cette huile semi-siccative et poly-insaturée est extraite des graines d'une plante herbacée dont on s'est longtemps servi pour nourrir les volailles et les perroquets (elle est parfois aussi appelée « graine de perroquet »). L'huile de graine de carthame est riche en protéines, en vitamines et en minéraux. Associée à d'autres huiles, elle sera excellente pour préparer des huiles de massage, des savons, des crèmes hydratantes, ou des huiles de bain.
L'huiles de carthame se conserve au réfrigérateur.

Huile de coco et de coprah

Presque solide, l'huile de coco est une matière grasse saturée extraite de la chair blanche de la noix de coco (*Cocos nucifera*). C'est un fantastique lubrifiant et hydratant naturel des paupières et, de manière générale, de toutes les régions du corps où la peau est particulièrement fine et sensible. À dose homéopathique, elle donnera un peu plus de brillance à votre chevelure.
Le coprah est obtenu quant à lui après solidification du lait de coco. La cire blanche, qui reste à l'état solide à température ambiante, sera avantageusement incluse dans des crèmes, des pommades et des savons.

Huile de germe de blé

C'est une huile fine, riche en acides gras, nourrissante, dotée de très grandes vertus thérapeutiques. Elle est extraite par pression à froid ou par macération des germes de grains de blé (*Tricitum vulgare* ou *sativum*) dans une autre huile végétale. Comme elle est très dosée en vitamine E, elle procurera beaucoup de bienfaits à tous les types de peaux, notamment aux peaux sèches et ridées. Elle est vivement conseillée pour soigner des maladies cutanées comme l'eczéma ou le psoriasis. Toujours du fait de sa teneur en vitamine E, l'huile de germe de blé favorisera la conservation des autres huiles dans vos préparations. Une concentration de l'ordre de 10 % constitue une proportion idéale dans une crème, une lotion, une huile de massage et un savon.

Huile de graine de bourrache

Relativement coûteuse car d'extraction difficile, cette huile de couleur jaune à l'odeur agréable est obtenue par pression des graines mûres de bourrache (*Borago officinalis*), une plante originaire de Syrie. Elle contient des vitamines, des minéraux et de l'acide gammalinolénique, un acide gras poly-insaturé. Vous ne l'utiliserez jamais pure, mais à une concentration de 10 % dans une autre huile végétale, pour traiter des problèmes cardiaques, les effets du syndrome menstruel ou de la ménopause et, encore mieux, pour régénérer votre peau.

Huile de graine de carotte

C'est en réalité une huile essentielle, même si on la considère volontiers comme une huile dite « de base ». À ce titre, elle ne devra jamais être appliquée sur la peau sans avoir été diluée au préalable. En outre, son odeur deviendrait vite écœurante et sa couleur psychédélique d'un orange brillant ne serait pas forcément du plus bel effet ! L'huile de graine de carotte (*Daucus carota*) est riche en bêta-carotène, en vitamines et en minéraux. Elle est très efficace pour contrer le vieillissement de la peau et elle favorise la régénération cellulaire de l'épiderme. Vous l'utiliserez à des concentrations de l'ordre de 10 % dans vos traitements de soins cutanés.

Huile de graine d'églantine

Elle est obtenue à partir des cynorhodons de l'églantier (*Rosa mosqueta* ou *rubingosa*), les fruits rouges familièrement appelés « gratte-cul ». L'huile de graine d'églantine, riche en vitamine C, possède un grand pouvoir curatif et régénérant. Elle est très efficace pour retarder le vieillissement de la peau, effacer les cicatrices et réparer des tissus cutanés endommagés. Dans vos produits de soin, vous l'utiliserez à une concentration de 10 %.

Huile de jojoba

Comparée aux huiles précédentes, elle fait figure de relative « petite nouvelle ». En fait, elle n'est pas à proprement parler une huile, mais plutôt une cire obtenue par pression de la graine de jojoba (*Simmondsia sinensis*), une plante qui pousse dans le désert. Son principal intérêt est qu'elle ne rancit pas. L'huile de jojoba possède des propriétés et des effets très proches de ceux du sébum, la substance hydratante naturellement sécrétée par certaines glandes du corps humain. Elle donne à la peau un aspect doux et soyeux. Elle sera précieuse pour traiter l'acné, l'eczéma, le psoriasis et les inflammations cutanées. Vous l'utiliserez à des concentrations de l'ordre de 10 % dans vos crèmes, huiles de massage et autres préparations.

Huile de noyau d'abricot

Cette huile à la belle couleur jaune pâle est obtenue à partir de noyaux d'abricots pressés à froid. De faible viscosité, elle est très légèrement siccative. L'huile de noyau d'abricot convient à tous les types d'épidermes, surtout aux peaux fines, sèches ou ridées. Vous pourrez l'utiliser pure.

Huile de pépins de raisin

Elle est extraite par pression des pépins de raisin. C'est une huile faiblement visqueuse et semi-siccative. Poly-insaturée, elle est conseillée pour traiter la plupart des problèmes de peaux grasses. Je vous la recommande également comme huile de base en raison de sa légèreté, de sa translucidité et de la rapidité avec laquelle elle pénètre dans la peau. Enfin, et cela a son importance, elle est sans odeur !

L'huile de pépins de raisin rancit facilement. En lui ajoutant 5 à 10 % d'huile de blé, vous la conserverez plus longtemps.

Huile de ricin

Elle est extraite de la graine de ricin (*Ricinus communis*), une plante à grandes feuilles palmées. C'est une huile non siccative, riche et visqueuse, aux vertus adoucissantes bien connues. L'huile de ricin est souveraine pour les soins capillaires et pour soulager les douleurs musculaires. Enfin, elle vous aidera à venir à bout des échardes enfoncées dans les chairs…

Préférez des huiles translucides, extraites des graines de conservation grillées.

Huile de sésame

Utilisée par les Babyloniens selon Hérodote, elle est obtenue par pression des graines du sésame (*Sesamum indicum*), une plante originaire de l'Inde. L'huile de sésame, semi-siccative, est riche en vitamine E, en minéraux, en protéines et en lécithine. À une concentration de l'ordre de 10 % dans une crème ou une lotion hydratante, elle prévient le dessèchement et adoucit la peau. L'huile de graine de sésame possède enfin la propriété d'absorber les rayons ultraviolets et d'avoir ainsi un effet d'écran solaire.

Huile d'olive

Riche et non siccative, elle est obtenue par pression à froid d'olives parvenues à complète maturité. Dois-je vous avouer que c'est l'une de mes huiles préférées ? J'achète exclusivement des produits sur lesquels figure la mention « huile d'olive vierge extra » ou « première pression à froid », car ce sont les plus riches en minéraux et en vitamines. Vous les reconnaîtrez facilement à leur belle couleur verte et à leur arôme bien caractéristique. Si l'huile d'olive est trop riche pour les peaux grasses, elle sera excellente dans vos lotions de massage, vos crèmes ou vos savons si vous avez une peau sèche ou normale. Enfin, je vous la conseille vivement pour soigner la peau de bébé. Vous l'utiliserez dans vos préparations à une concentration de l'ordre de 40 %.

Beaucoup de gens n'aiment pas l'odeur de l'huile d'olive. Si c'est votre cas, achetez des produits haut de gamme au goût nettement plus subtil. Généralement, ces huiles sont d'origine italienne et, plus précisément, toscane.

Huile d'onagre

Relativement onéreuse, elle est extraite par première pression à froid des graines de l'onagre (*Oenothera biennis*), une plante originaire d'Amérique du Nord aux grandes fleurs jaunes. C'est un antioxydant naturel que vous pourrez avantageusement ajouter à d'autres huiles pour éviter qu'elles ne rancissent. L'huile d'onagre, riche en acide gamma-linolénique, possède des vertus adoucissantes et assouplissantes sur la peau. Vous en ajouterez à vos crèmes et à vos remèdes pour accélérer la guérison d'un eczéma, d'un psoriasis ou d'une quelconque inflammation. Décidément peu avare de bienfaits, cette huile pénètre profondément dans l'épiderme pour combattre l'action néfaste des radicaux libres. Elle régénère aussi la peau, c'est pourquoi je vous conseille de l'utiliser souvent, mais en petites quantités, de l'ordre de 5 %.

L'aromathérapie pratique

Mes **anges gardiens** à moi, ce sont mes huiles essentielles qui me prodiguent de **merveilleux enchantements**. J'espère que cet ouvrage vous aidera dans la pratique de **l'art de l'aromathérapie** et, surtout, qu'il sera pour vous **une source d'inspiration**.

L'équipement

L'équipement de base

- Petites et grandes casseroles en inox (jamais en aluminium).
- Grande casserole, cocotte ou fait-tout pour la cuisson au bain-marie.
- Cuillers en bois.
- Tamis plus ou moins fins.
- Spatule en caoutchouc.
- Ciseaux.
- Petits couteaux.
- Grands couteaux.
- 2 ou 3 pots de grande dimension.
- 2 ou 3 bols.
- Récipients doseurs.
- Cuillers.
- Compte-gouttes.
- Pilon et mortier (ou moulin à café).
- Assortiment de petits pots et de flacons munis de couvercles ou de bouchons.
- Infusettes à thé.
- Filtres à café.
- Balance de cuisine (suffisamment précise pour mesurer des poids de l'ordre du gramme).
- 2 thermomètres.
- Mesure en plastique de 25 ml.
- Compte-gouttes pour les yeux.
- Gaze.
- Stylo à l'alcool à pointe fine.
- Centrifugeuse ou mixeur.

Où garder le matériel ?

Il est bien de disposer d'une grande boîte spécialement destinée au stockage des différents ingrédients et de l'équipement ou, mieux encore, d'enfermer tout cela dans un placard. Si vous avez des enfants en bas âge, il est indispensable que l'ensemble de votre matériel soit hors de leur portée, dans un lieu fermé à clef.

Je vous déconseille fortement de mettre les ustensiles spécialement destinés à l'aromathérapie et vos huiles essentielles elles-mêmes dans vos placards de cuisine. Choisissez un endroit qui leur sera exclusivement consacré. Pourquoi, me demanderez-vous ? Eh bien, parce que l'arôme puissant des essences va imprégner la vaisselle que vous utiliserez, notamment les cuillers en bois. En les mettant au même endroit que vos provisions, vous courrez le risque de manger des choses au goût pour le moins étrange, comme des gâteaux parfumés à l'huile essentielle de tea-tree ou de lavande ! Enfin, les casseroles et les plats, en particulier ceux où vous aurez réchauffé certaines substances comme de la cire d'abeille, seront difficiles à récupérer. Sacrifiez de vieux objets de cuisine dont vous ne vous servez plus pour les réserver exclusivement pour tel ou tel usage. Encore en conseil : gardez les pots en verre et les récipients vides de produits cosmétiques, ils vous seront très utiles pour conserver vos pommades ou vos crèmes de soin. Vous pourrez les mettre au bain-marie pour préparer directement de petites quantités de produits.

Des bienfaits du bain-marie

De nombreux remèdes figurant dans ce livre réclament une cuisson au bain-marie. La raison est simple : il s'agit de protéger les huiles végétales et les huiles essentielles d'un contact trop vif et trop violent avec la chaleur qui risquerait de les dénaturer. Cette méthode offre un dernier avantage : il vous sera plus facile de contrôler la cuisson.

Pour un bain-marie, rien ne remplace à mon avis une bonne vieille grande casserole, une cocotte ou un fait-tout remplis d'eau, le tout posé sur un petit réchaud électrique. L'acquisition de ce dernier objet est loin d'être inutile, car il vous permettra de pratiquer l'art de l'aromathérapie ailleurs que dans votre cuisine. Vous pourrez vous installer n'importe où, loin des regards indiscrets et de la curiosité de vos enfants…

L'entretien et le lavage

Avant de commencer une préparation, assurez-vous que la vaisselle est parfaitement propre. C'est très important. Plus les ustensiles et les récipients seront nets et indemnes de germes, plus vos produits aromatiques se conserveront longtemps !

Les flacons et les récipients en verre seront lavés à l'eau chaude et au savon, puis soigneusement rincés et séchés à l'envers, éventuellement au four à basse température. Les bouteilles et les flacons pourront être mis 20 minutes à bouillir dans de l'eau. Posez dans ce cas un tissu humide sur le goulot.

Les récipients et objets en plastique seront stérilisés dans de l'eau additionnée de métabisulfite de sodium ou E 223 (en vente en pharmacie). Attention de ne pas inhaler les vapeurs de ce produit.

Dosages et conservation

Conserver ses huiles essentielles

Les essences sont généralement commercialisées dans des flacons opaques ou de verre sombre – bleu ou ambre. Sensibles à la lumière, elles se dégradent au contact de l'air : après ouverture, il faudra donc les utiliser rapidement.

Conservez vos huiles dans une boîte hermétiquement fermée, dans un endroit sec et aéré. Ne les mettez pas au réfrigérateur : elles s'épaissiraient ou se figeraient et risqueraient de moisir.

Sachez compter !

Permettez-moi de répéter une nouvelle fois qu'il est fondamental de mesurer soigneusement le nombre de gouttes d'huiles essentielles utilisées : quand une recette indique d'en mettre 2, ne doublez pas la dose en pensant obtenir un produit plus efficace ! Un compte-gouttes gradué est un objet indispensable quand on verse dans l'art de l'aromathérapie : vous en trouverez dans toutes les pharmacies.

En lisant le tableau ci-dessous, vous remarquerez peut-être que j'ai parfois légèrement augmenté ou diminué le dosage indiqué dans les remèdes. J'ai fait cela en sachant que certains soins réclament des dosages plus ou moins élevés d'huiles essentielles. Quand vous vous serez bien familiarisé avec l'aromathérapie, vous serez alors capable de juger quelle quantité vous paraît la mieux adaptée à votre cas. Dans un premier temps cependant, il est plus sûr de vous en tenir aux proportions indiquées ici.

Concentrations d'huiles essentielles

Atomiseur	50 à 100 gouttes dans 30 cl d'eau.
Application locale	10 gouttes pour 10 cl d'eau.
Bain	10 gouttes au maximum (selon l'âge) mélangées à 1 cuiller à café d'huile de pépins de raisin.
Bain de pieds	4 à 6 gouttes (selon l'âge).
Crème de massage	2 à 2,5 %.
Huile de massage	2 à 3 %.
Inhalation	2 gouttes (selon l'âge).
Lotion	1 à 1,5 %.
Nettoyant ménager	2 % (ou dès que l'odeur vous plaît !).
Pommade	3 à 5 %.
Répulsif contre les insectes	2 à 2,5 %.
Shampooing et après-shampooing	20 à 30 gouttes pour 1 verre de shampooing.

Mesures et équivalences

20 gouttes = environ 1 ml.
100 gouttes = environ 1 cuiller à café ou 5 ml.
1 cuiller à soupe = environ 20 ml.

Correspondances de concentrations

2 gouttes dans 2 cuillers à café = environ 1 %.
4 gouttes dans 2 cuillers à café = environ 2 %.
6 gouttes dans 2 cuillers à café = environ 3 %.
4 gouttes dans 1 cuiller à soupe = environ 1 %.
8 gouttes dans 1 cuiller à soupe = environ 2 %.
12 gouttes dans 1 cuiller à soupe = environ 3 %.
20 gouttes dans 10 cl = environ 1 %.
40 gouttes dans 10 cl = environ 2 %.
60 gouttes dans 10 cl = environ 3 %.

Les méthodes de A à Z

Applications locales

Vous utiliserez souvent ce type de soin. Je vous le conseille dans cet ouvrage pour soigner toutes sortes de choses, tant sous forme d'applications locales de compresses froides que de compresses chaudes ou fomentations.

Compresses froides

Il s'agit d'une application externe froide, utilisée afin de réduire une inflammation. Une compresse froide agit en abaissant la chaleur dans la région donnée. Elle permettra par exemple de dégonfler une enflure et de soulager la douleur à la suite d'une entorse. Vous préparerez votre compresse en mouillant un linge doux dans 10 cl d'eau froide, puis en ajoutant 10 gouttes d'huile essentielle. Tordez le linge pour bien répartir les substances actives et pour qu'il ne goutte pas. Appliquez sur la région affectée. Renouvelez l'opération quand la compresse a perdu de sa fraîcheur.

Fomentations

Non, il ne s'agit pas ici de comploter, mais d'appliquer une médication externe chaude pour stimuler la circulation sanguine ! Une fomentation humide soulage la douleur et détend des spasmes musculaires. Elle a un pouvoir décongestionnant. Elle favorise en outre le drainage du pus. Vous procéderez de la même manière que dans le cas des compresses froides, sauf que vous utiliserez ici de l'eau très chaude. Il faudra faire preuve de célérité lorsque vous préparerez une fomentation : sous l'action de la chaleur, les huiles essentielles s'évaporent très vite et perdent ainsi leurs pouvoirs thérapeutiques. Avant d'appliquer le linge, vérifiez sa température avec l'intérieur du poignet : il faut qu'il soit le plus chaud possible, mais pas au risque de vous ébouillanter ! Couvrez ensuite avec une bande pour conserver le plus longtemps la température. Renouvelez l'opération toutes les 2 heures jusqu'à disparition de la douleur.

Bains

Difficile de s'en lasser tant ils sont variés : bains chauds, bains de pieds, bains au lait ou aux herbes aromatiques, et bien d'autres encore. Leur pouvoir thérapeutique, chaque fois différent, vous étonnera !

Bain chaud

30 ou 40 °C pendant 10 à 15 minutes maximum. Je vous le conseille pour traiter un état fébrile, car il va augmenter la transpiration du malade et le rythme de sa respiration. Il fera ainsi baisser la fièvre et favorisera l'élimination des toxines accumulées dans l'organisme.

Le patient devra rester environ 10 minutes dans ce bain chaud, jamais sans surveillance bien sûr, surtout s'il s'agit d'un enfant. Il faudra ensuite bien le sécher, lui mettre un peignoir épais, puis dans un lit bien chaud. Juste avant de le coucher, vous lui ferez boire une infusion de menthe ou de mille-feuille.

Attention ! Ne jamais donner de bain chaud à une personne souffrant d'hypetension ou d'un problème cardiaque quelconque.

Bain froid

21 à 27 °C pendant 2 à 5 minutes maximum.

Le plus difficile sera d'entrer dans la baignoire mais, si vous êtes d'un tempérament un tant soit peu spartiate, ce bain froid sera excellent pour votre tonus musculaire et vos voies respiratoires ! Il est également conseillé pour soulager la fatigue et la constipation. Enfin, il tonifie la peau et stimule les fonctions de la glande thyroïde.

Bain tiède

27 à 34 °C pendant 20 minutes.
C'est le type même du bain calmant et relaxant, idéal pour évacuer le stress par exemple. Tamisez la lumière et ressortez votre meilleur disque de musique planante : il sera encore plus efficace ! Vous pouvez rester 20 minutes dans l'eau, ou vous prélasser encore plus longtemps si vous le souhaitez.

Bain au lait

Si vous voulez avoir la peau douce et soyeuse, pas la peine de chercher plus loin !
Vous utiliserez du lait frais, du lait en poudre, du beurre ou du yaourt, puis vous ajouterez les huiles essentielles de votre choix en les mélangeant soigneusement. Il vous suffira ensuite de verser ce produit dans l'eau, d'agiter, et d'entrer tout de suite après dans le bain.

Bain au miel

C'est un vieux truc de grand-mère pour adoucir la peau. Le bain au miel a aussi la vertu de soulager les problèmes d'insomnie.
Versez 1 cuiller à soupe de miel dans un bol rempli d'eau tiède, remuez, puis ajoutez quelques gouttes d'une huile essentielle relaxante. Versez le tout dans la baignoire et entrez dans l'eau en sifflotant.

Bain aux herbes aromatiques

Ses domaines d'application sont très variés. Son action adoucissante, hydratante et stimulante sur la peau n'est plus à présenter.
Il existe d'innombrables manières d'utiliser des herbes aromatiques. La plus courante consiste à verser une décoction de plantes ou à jeter une infusette remplie d'herbes séchées dans l'eau en train de couler. Pour amplifier encore les vertus thérapeutiques de votre bain, vous pourrez lui ajouter 6 gouttes d'une ou de plusieurs huiles essentielles.

Bain aux sels de magnésium

Très relaxant, ce bain est également bon pour la peau. Il soulage d'éventuelles douleurs en détendant les muscles. Veillez cependant à ne pas prendre de bains aux sels de magnésium trop souvent. Lorsque vous faites couler votre bain tiède, versez 10 gouttes de votre huile essentielle favorite et 1 verre de sels de magnésium. Agitez pour une bonne dissolution et restez au moins 20 minutes dans l'eau.

Bain au vinaigre

Encore un vieux remède qui a fait ses preuves contre les démangeaisons !
Dans un bain tiède, versez 1 tasse de vinaigre de cidre, quelques gouttes d'une huile essentielle adoucissante et un peu de vinaigre antiseptique. Glissez dans l'eau en chantonnant, et prenez tout votre temps !

Bain de mains

C'est un traitement particulièrement efficace pour soulager les engelures et les symptômes de la maladie de Raynaud. De nombreux phyto-aromathérapeutes le prescrivent souvent.
Pour un bain de mains simple, remplissez une cuvette suffisamment grande pour que vos deux mains soient immergées en même temps. L'eau doit être aussi chaude que possible. Versez 4 à 6 gouttes de l'huile essentielle appropriée à la surface de l'eau, mélangez soigneusement, puis trempez vos mains 15 à 20 minutes, en rajoutant de l'eau chaude au fur et à mesure qu'elle refroidit. Séchez-vous en frottant vivement avec une serviette.

Bain de pieds

Il est imparable contre un mauvais rhume ou une grippe, mais vous devrez le prendre dès l'apparition des premiers symptômes pour en engranger tous les bénéfices. Ce type de bain soulagera bien sûr aussi des pieds fatigués, échauffés ou endoloris après une épreuve sportive ou une après-midi de shopping particulièrement érein-

tante. Enfin, des bains de pieds alternativement froids et chauds viendront à bout des maux de tête les plus récalcitrants.
Pour un bain de pieds simple, remplissez une bassine suffisamment grande pour que vos deux pieds soient immergés en même temps.
A défaut, utilisez la baignoire en vous asseyant sur le rebord. L'eau doit être aussi chaude que possible. Versez 4 à 6 gouttes de l'huile essentielle appropriée à la surface de l'eau, mélangez soigneusement, puis trempez vos pieds 10 à 15 minutes, en rajoutant de l'eau chaude au fur et à mesure qu'elle refroidit. Séchez-vous en frottant vivement avec une serviette, puis enfilez une bonne paire de charentaises bien épaisses.
Pour alterner le chaud et le froid, remplissez deux bassines suffisamment grandes pour que vos deux pieds soient immergés en même temps. Versez de l'eau froide dans la première et de l'eau la plus chaude possible dans la deuxième. Sauf avis contraire, ajoutez l'huile essentielle appropriée dans l'eau froide et agitez pour bien disperser les substances actives. Trempez vos pieds dans une bassine, puis dans l'autre. Répétez cette opération pendant environ 15 minutes.

Bain de siège

Il est idéal pour soulager un prurit anal, des hémorroïdes, et pour traiter différents problèmes gynécologiques. Comme son nom l'indique, le niveau de l'eau dans la baignoire ne dépassera pas les hanches. Seul le bas-ventre et les fesses seront complètement immergés dans l'eau tiède.

Bain de bouche

Vous l'utiliserez pour rafraîchir votre haleine, pour soigner des ulcères buccaux ou des problèmes de gencive.
Pour préparer un bain de bouche, il suffit de mélanger 4 gouttes d'huile essentielle dans 25 ml d'eau-de-vie. Versez 1 cuiller à café de ce produit dans 1/4 de verre rempli d'eau chaude. N'avalez jamais le liquide !

Brûle-parfum et diffuseur

C'est là une manière très agréable d'embaumer l'air de senteurs délicieuses, mais aussi de favoriser la relaxation ou d'empêcher la propagation d'une maladie infectieuse ! Un brûle-parfum suffisamment profond, quelques gouttes d'huiles essentielles dans l'eau, une bougie pour chauffe-plat, et le tour est joué !

Cataplasme

C'est une préparation pâteuse, chaude ou froide, appliquée sur la peau pour réduire une inflammation, drainer du pus ou tout autre corps étranger suite à une blessure. En outre, elle décongestionnera la poitrine et favorisera la circulation sanguine.
Dans de l'eau chaude ou glacée, écrasez du pain, de la farine de lin ou une pomme de terre bouillie afin d'obtenir une pâte. Ajoutez ensuite quelques gouttes d'une huile essentielle appropriée et remuez bien le mélange.
Étalez cette préparation sur un linge, pliez-le pour couvrir la région intéressée, vérifier bien la température avec l'intérieur du poignet, puis procédez à l'application du cataplasme. Couvrez enfin à l'aide d'un bandage ou avec une serviette épaisse pour garder la chaleur ou la fraîcheur le plus longtemps possible.
Le même produit pourra être utilisé trois ou quatre fois. Vous le réchaufferez entre deux assiettes posées sur une casserole d'eau bouillante ou le refroidirez en le mettant au freezer. Renouvelez fréquemment le traitement pendant les 2-3 premières heures.

Cire d'abeille

On en trouve en pharmacie (mais elle est chère !), dans les magasins diététiques et en s'adressant directement à un apiculteur (le plus avantageux). La cire d'abeille achetée chez ce dernier sera peut-être truffée de pattes et de bouts d'ailes d'abeilles, de débris de fleurs ou autres impuretés. Avant de l'utiliser, il faudra la raffiner.

Raffiner la cire d'abeille

Mettez la cire d'abeille dans une vieille casserole réformée, couvrez d'eau et laissez chauffer très doucement jusqu'à ce que la cire soit complètement fondue. Laissez refroidir. Récupérez la cire se trouvant au-dessus de la surface de l'eau, et jetez la couche pleine de déchets noirs se trouvant au-dessous. Renouvelez l'opération si nécessaire.

Cubes de cire d'abeille

En préparant à l'avance de petits cubes, vous vous simplifierez la vie: finie la corvée de couper, puis de peser la quantité exigée de cire d'abeille à chaque fois! Grâce à cette méthode très simple, vous réaliserez un grand nombre de cubes de même poids. Vous gagnerez ainsi beaucoup de temps lorsque vous préparerez une crème ou une pommade.
Faites chauffer de la cire d'abeille raffinée à feu doux. Quand le produit est devenu liquide, versez-le dans un bac à glaçons préalablement huilé. Pesez les cubes ainsi réalisés: leur poids devra être compris entre 12 et 15 g. Vous les conserverez dans une boîte hermétique, car ils risquent d'attirer les insectes (les mites et les moucherons en raffolent!). Collez une étiquette où vous mentionnerez le poids.

Désinfectant antiseptique

Encore un produit extrêmement efficace pour nettoyer une plaie sale dont vous craignez qu'elle ne s'infecte.
Versez 5 à 10 gouttes (selon l'âge du patient) d'une ou de plusieurs huiles essentielles dans 10 cl d'eau froide préalablement bouillie. Agitez vigoureusement pour bien mélanger.

Douche vaginale

Une mise en garde s'impose ici: en prenant des douches trop fréquemment, vous risquez de bouleverser l'équilibre de pH de la muqueuse vaginale et d'éliminer certaines sécrétions naturelles indispensables. Suivez ce traitement seulement en cas d'infection, mais jamais en présence de quelques pertes blanches sans importance. Prenez trois douches vaginales par jour pendant une semaine. Je vous conseille d'utiliser plutôt des plantes que des huiles essentielles, dont la forte concentration risquerait d'irriter la délicate paroi vaginale. Vous pourrez cependant utiliser de l'essence de lavande, de manuka, de myrrhe et de tea-tree. Dans la poire vaginale, versez 2 verres d'eau tiède préalablement bouillie et seulement 2 gouttes de l'huile essentielle recommandée. Bien agiter avant l'emploi et faire la douche vaginale immédiatement, quand le mélange est encore homogène.
Si l'infection persiste au-delà d'une semaine, c'est que le problème est plus grave: allez consulter sans tarder votre gynécologue qui vous prescrira un traitement approprié.

Filtrage

Afin que vos préparations liquides se conservent dans d'excellentes conditions, vous devrez les filtrer soigneusement. Les filtres à café en papier constituent la meilleure solution (et la plus économique!) chaque fois que vous souhaiterez obtenir un produit translucide et exempt d'impuretés.

Gargarisme

Il est idéal quand on est enroué ou frappé d'une extinction de voix. Un gargarisme soulage le mal de gorge. Il est capable d'atténuer et même de soigner une inflammation de la gorge.
Il vous suffit d'ajouter 1 goutte d'huile essentielle appropriée dans une tasse d'eau tiède et de vous gargariser. Évidemment, n'avalez jamais de produit!

Boisson au miel

1 verre 1/2 de miel liquide •
1 morceau de gingembre (environ 5 cm)

Coupez le gingembre en rondelles très fines (de l'épaisseur d'une feuille de papier), puis ajoutez le miel et transvasez le tout dans un bocal. Couvrez et faites chauffer au bain-marie en évitant l'ébullition. Laissez mijoter ainsi pendant environ 1 heure. Enlevez ensuite le gingembre à l'aide d'une passoire et pressez pour en extraire tout le suc.

Utilisation

Pour préparer votre gargarisme, versez 1 à 2 cuillers à café de miel et le jus d'un citron dans un verre rempli d'eau chaude. Vous pourrez préparer ce délicieux breuvage chaque fois que vous pensez couver un rhume ou que vous êtes pris de frissons. Cette boisson est excellente en cas de moral en berne et de manque d'appétit. Vous pouvez enfin l'utiliser pour agrémenter vos plats.

Huile infusée

Les huiles obtenues par macération sont excellentes et sans aucun danger. Je vous recommande tout particulièrement l'huile infusée de calendula, très précieuse pour soigner les problèmes de peau. Remplissez complètement un bocal de plante fraîche finement hachée. Si vous n'en avez pas, vous trouverez un grand choix sous forme déshydratée dans une herboristerie (dans ce cas, ne remplir le récipient qu'à moitié). Ajoutez 1 cuiller à soupe de vinaigre de cidre pour 400 à 500 g de plante, posez le couvercle et agitez vigoureusement. Laissez reposer quelques heures, en remuant de temps en temps le mélange. Ce stade de la préparation est essentiel : le vinaigre permet d'extraire certaines substances qui ne seront pas libérées par la suite dans l'huile.

Recouvrez maintenant avec une huile de bonne qualité, par exemple de l'huile d'olive et de l'huile de pépins de raisin, préalablement amenée à la température du corps au bain-marie. Fermez hermétiquement le bocal et placez-le dans un endroit chaud, au soleil, dans une casserole remplie d'eau chaude ou sur un radiateur.

Filtrez le mélange d'huile et de plante à travers une mousseline épaisse ou un linge. Pressez pour extraire le plus possible d'huile et reversez le liquide obtenu dans le bocal, en rajoutant si nécessaire de la plante hachée et de l'huile. Bouchez et remettez au chaud. Cette opération sera répétée plusieurs fois jusqu'à obtenir une concentration satisfaisante. En revanche, la macération dans le vinaigre ne sera réalisée qu'une seule fois.

Enfin, passez l'huile dans une passoire fine pour enlever tous les résidus de plante, puis à travers un linge finement tissé. Transvasez dans un flacon opaque et conservez au réfrigérateur.

Inhalation

Elle soulagera une congestion de la poitrine, du nez ou des sinus en fluidifiant le mucus bronchique. Je vous la recommande également en cas de mal à la tête ou de gorge.

Pour faire une inhalation, préparez au préalable une grande serviette et un bol rempli d'eau bouillante. Versez 6 gouttes d'huile essentielle (selon l'âge) dans le bol, mettez la serviette sur votre tête, ses pans retombant de part et d'autre du récipient, et penchez-vous rapidement pour inhaler les vapeurs d'huiles essentielles. Si le patient est très jeune, très âgé ou fragile, mettez par prudence le bol dans un lavabo, faites asseoir le malade et ne le laissez jamais sans surveillance.

Une dernière chose : attendez un peu avant de sortir quand vous aurez fait une inhalation, l'air du dehors pouvant irriter vos muqueuses devenues très sensibles.

Si vous utilisez de l'huile essentielle de thym ou de menthe poivrée, n'en ajoutez pas plus d'1 ou 2 gouttes dans une inhalation.

Patch

Ce mot anglais désigne les dispositifs transdermiques de plus en plus utilisés par l'industrie pharmaceutique. Dans le cas présent, il vous servira à vous assurer de l'innocuité d'une huile essentielle, notamment si vous êtes sujet à des allergies.

Pour faire ce patch, mélangez dans un bol 1 goutte d'huile essentielle et 1 cuiller à café d'huile végétale. Appliquez un peu de cette préparation à la pliure du bras et massez légèrement. Couvrez avec un pansement et laissez agir 24 heures. Si vous n'observez ni inflammation, ni démangeaison, ni plaque rouge d'aucune sorte, vous pouvez utiliser cette huile essentielle sans crainte. Dans le cas contraire, abandonnez cette essence. Cette technique du patch est utilisable pour tester n'importe quel produit.

Pommade

Les pommades, les baumes et les onguents, comme on les appelle indifféremment, sont des émulsions grasses ou résineuses auxquelles on ajoute des huiles essentielles ou des extraits de plantes pour leur donner des propriétés thérapeutiques spécifiques. De crémeuses, elles deviennent liquides au contact de la chaleur de la peau. Elles pénètrent très facilement dans l'épiderme quand on effectue un massage. Une émulsion est un mélange d'huile et d'eau qui, une fois combinées, restent liées. L'huile est l'ingrédient principal de ce milieu hétérogène constitué par la dispersion de particules microscopiques. La plupart des pommades contiennent de la cire d'abeille, du beurre de cacao ou de l'huile de coco, c'est-à-dire des matières grasses solides. Je suis sûre que la préparation de telles pommades sera un vrai plaisir. Pour ma part, cela me donne l'impression d'être comme les herboristes et les soi-disant sorcières qui, il y a des siècles, faisaient les mêmes gestes et utilisaient presque exactement les mêmes produits que vous et moi.

Comment préparer une pommade ?

Dans une casserole, faites fondre à feu doux de la cire d'abeille ou de l'huile de coco. Ajoutez de la lanoline et laissez dissoudre. Versez ensuite le mélange d'huiles végétales (huile d'olive, huile d'amande douce, huile de pépins de raisin, etc.) très lentement, en arrêtant dès que le mélange commence à prendre ; réchauffez juste ce qu'il faut pour qu'il reste liquide.

Versez maintenant cette mixture très lentement, au goutte à goutte, dans l'eau chaude d'une casserole. Agitez constamment et arrêtez-vous dès qu'elle commence à prendre ; si cela arrivait, réchauffez légèrement pour qu'elle redevienne liquide.

Quand la température de votre préparation aura baissé jusqu'à atteindre 45-48 °C, c'est-à-dire quand vous pouvez toucher l'extérieur du récipient sans vous brûler, ajoutez les teintures et les huiles essentielles. Mélangez-les soigneusement. Quand la pâte sera bien homogène, vous transvaserez le tout dans un bocal stérile que vous scellerez immédiatement.

C'est là le moment particulièrement délicat de la fabrication : si vous transvasiez le produit trop tôt, l'émulsion pourrait retomber ; si vous le faisiez trop tard, elle resterait dans la casserole et ne coulerait plus…

Quelques pommades utiles

• La pommade à base de consoude, que vous utiliserez pour soigner des ecchymoses ou une entorse ; elle accélérera également la guérison des fractures et la cicatrisation d'une coupure ou d'une plaie.

• La pommade de calendula est un traitement de premier secours en cas de plaies, de coupures, d'écorchures, de crevasses du mamelon et d'ulcérations cutanées quelconques ; elle soulagera également les éruptions d'une rougeole ou d'une varicelle.

• La pommade à base de plantain est souveraine sur les piqûres d'insectes et les morsures d'animaux.

Pommade de soin

1 cube d'environ 7 g de cire d'abeille •
40 g de lanoline déshydratée • 2 cuillers à soupe d'huile d'olive ou d'huile de pépins de raisin

(ou d'une quelconque huile infusée si vous en possédez une) • 20 gouttes d'huile essentielle de lavande • 30 gouttes d'huile essentielle de tea-tree ou de manuka • 20 gouttes d'huile essentielle de romarin • 10 gouttes d'huile essentielle de thym

Mettez la cire d'abeille au bain-marie dans une petite casserole. Lentement, ajoutez la lanoline et mélangez le produit. Versez ensuite l'huile d'olive ou l'huile de pépins de raisin tout en continuant à remuer le mélange. Veillez à ce que la cire reste liquide et à ne pas trop chauffer la mixture. Enlevez ensuite du feu et laissez doucement refroidir jusqu'à atteindre une température d'environ 37 °C. Versez enfin les huiles essentielles goutte après goutte. Quand la pommade commence à prendre, transvasez dans un pot hermétique.

Vaporisateur

La vaporisation d'un produit à base d'huiles essentielles aux propriétés antibactériennes, antifongiques et antivirales empêche la propagation des maladie infectieuses. Tout en désodorisant l'air ambiant, elle apaise le stress et facilite le sommeil. L'usage d'un tel produit est particulièrement indiqué dans la cuisine ou les toilettes, où il assainira et parfumera l'air tout en désinfectant et en débarrassant les surfaces d'éventuelles bactéries.

Vous préparerez vos mélanges destinés à une vaporisation en ajoutant, dans un flacon d'une contenance de 30 cl, 1/2 à 1 cuiller d'une ou de plusieurs huiles essentielles et 50 ml de vodka ou de vinaigre de cidre. Vous laisserez reposer le tout quelques instants, avant de compléter avec de l'eau déminéralisée.

Vinaigre antiseptique

Voilà un produit qui sera très utile dans votre armoire à pharmacie ! Vous l'utiliserez pour nettoyer et désinfecter toutes sortes de plaies. Ce produit calmera également les démangeaisons. Pour le préparer, il suffit de mélanger, dans un flacon opaque, 1/2 verre de vinaigre de cidre, 1/2 verre d'eau déminéralisée, 30 gouttes d'huile essentielle de tea-tree et 30 gouttes d'huile essentielle de lavande. Agitez vigoureusement, puis versez un peu de produit sur un coton pour tamponner délicatement la plaie à désinfecter.

Remerciements
Je remercie tout particulièrement Jan Castorina, pour son aide précieuse lors de la rédaction du chapitre concernant les massages.

Mise en pages : Maogani

Imprimé en Italie par Rotolito Lombarda
ISBN : 978-2-501-04632-9
Dépôt légal : 81689 - janvier 2007
Nuart : 40 9575 8
Édition 01